辽宁工程技术大学鄂尔多斯研究院校地科技合作培育项目(YJY-XI

倾斜摄影在文物保护和棚户区改造 3DGIS 构建中的应用研究

任东风 安 浩 著

中国矿业大学出版社

·徐州·

内 容 提 要

本专著基于倾斜摄影测量和空地一体化技术,利用飞马 V10 无人机构建阜新市实景三维模型,并按照历史建筑轮廓进行模型裁剪,利用大疆 Phantom4 RTK 无人机构建阜新市首期 12 个历史建筑(群)的纹理精细化实景三维模型,并对其按照历史建筑轮廓进行切割单体化,二者融合实现纹理精细实景模型与大范围常规模型相结合的可视化展示。基于激光扫描技术,利用 SLAM 激光雷达及飞马 D2000 无人机搭载 D-Lidar2000 模块获取历史建筑的点云数据,并根据点云数据辅助构建 BIM 模型,补齐建筑物结构信息的缺失。三者相结合共同构成了历史建筑 3DGIS 管理平台的模型数据基础。利用外业量测及有关部门提供的数据并结合模型,获取到建筑物的平面图、立面图、剖面测绘图和建筑物属性等,这些共同构成了历史建筑 3DGIS 管理平台的其他数据基础。全新 3DGIS 技术与网络信息技术的持续发展,使得 GIS 在实际场合中实现更为充分的运用,发挥积极价值。通过长辛店实景模型构建、实景模型分层分户单体化、基于 SuperMap 自适应三维管线构建、相应古建筑 BIM 模型创建,同时与所获取的各种数据充分融合,达到多场景可视化呈现效果。在此基础上,基于 B/S 架构推进开发工作,实现系统平台三维产权体管理、棚户区改造工作进度三维可视化、三维地下管线可视化与分析、古镇历史建筑物 BIM 档案数字化管理、三维空间分析等一系列功能。此系统功能的实用性更有利于解决古镇棚户区改造过程中的产权纠纷、棚改档案管理、地下管网三维动态直观管理、古建筑数字化保护,有利于提升相关棚户区改造部门的办事效率与对工作进度的掌握,为决策和工程实施带来更多支持。本次长辛店棚改工程 3DGIS 系统设计,主要是使决策人员可以更加便利地开展棚户区改造,提高古镇棚户区改造的工作效率。

图书在版编目(C I P)数据

倾斜摄影在文物保护和棚户区改造 3DGIS 构建中的应用研究 / 任东风,安浩著. — 徐州:中国矿业大学出版社,2024.7. —ISBN 978-7-5646-5367-5

Ⅰ.K87;TU984.12

中国国家版本馆 CIP 数据核字第 20246GY518 号

书　　名	倾斜摄影在文物保护和棚户区改造 3DGIS 构建中的应用研究
著　　者	任东风　安　浩
责任编辑	杨　洋
出版发行	中国矿业大学出版社有限责任公司
	(江苏省徐州市解放南路　邮编 221008)
营销热线	(0516)83885370　83884103
出版服务	(0516)83995789　83884920
网　　址	http://www.cumt.com　E-mail:cumtpvip@cumtp.com
印　　刷	江苏淮阴新华印务有限公司
开　　本	787 mm×1092 mm　1/16　印张 7.75　字数 200 千字
版次印次	2024 年 7 月第 1 版　2024 年 7 月第 1 次印刷
定　　价	45.00 元

(图书出现印装质量问题,本社负责调换)

前　言

本书基于倾斜摄影测量和空地一体化技术，利用飞马 V10 无人机构建阜新市实景三维模型，并按照历史建筑轮廓进行模型裁剪，利用大疆 Phantom4 RTK 无人机构建阜新市首期 12 个历史建筑（群）的纹理精细化实景三维模型，并对其按照历史建筑轮廓进行切割单体化，二者融合实现纹理精细实景模型与大范围常规模型相结合的可视化展示。基于激光扫描技术，利用 SLAM 激光雷达及飞马 D2000 无人机搭载 D-Lidar2000 模块获取历史建筑的点云数据，并根据点云数据辅助构建 BIM 模型，补齐建筑物结构信息的缺失。三者相结合共同构成了历史建筑 3DGIS 管理平台的模型数据基础。利用外业量测及有关部门提供的数据并结合模型，获取了建筑物的平面图、立面图、剖面测绘图和建筑物属性等，这些共同构成了历史建筑 3DGIS 管理平台的其他数据基础。使用飞马 D2000 无人机加载索尼 a6000 五镜头相机进行倾斜摄影并使用 Context Capture 构建长辛店棚户区实景模型。结合三维矢量图与实景模型对古镇长辛店旧楼旧平房进行分层分户单体化，实现拆迁档案与实景模型关联存储。使用 FocusS350 地面三维激光扫描仪联合大疆精灵 Phantom4Pro 无人机倾斜摄影获取古建筑的彩色点云数据，并使用 Revit 软件根据点云数据构建历史建筑 BIM 模型。基于 B-Rep 和 CSG 建模方法，使用 SuperMap 管网自适应建模方式构建地下管网三维模型。通过对地下管网剖面分析算法研究，实现对基于地下三维管网的横纵剖面进行分析。基于 B/S 架构，使用 SuperMap iClient3D for WebGL 前端接口与 SuperMap iServer 后台服务器开发长辛店古镇棚户区改造 3DGIS 平台，实现房屋拆迁信息分层分户单体化管理、棚改工作进度可视化、古建筑 BIM 精细化管理、地下管网三维可视化与三维空间分析等功能。该系统在长辛店古镇棚户区改造实际工作中发挥了重大作用，为棚户区改造以及古建筑数字化保护提供借鉴价值。

本书具有较强的创新性、实用性和可操作性，可作为专题地理信息系统专业领域本科生及研究生提升学术思维和开展学术研究的参考用书，对于从事智慧城市建设和文物保护研究的教学、科研、生产、管理的专业人员也有一定的参考价值。

在撰写本书过程中,阅读了大量智慧城市建设以及文物保护方面的最新研究成果,参考了一些相关的专著和学术论文,吸收和借鉴了相关作者的研究成果,得到了有关专家的指导和帮助,在此深表感激和敬意。

本书由辽宁工程技术大学任东风撰写完成,安浩也做了大量的编辑工作。在撰写本书过程中,笔者阅读了大量智慧城市建设以及文物保护方面的最新研究成果,参考了一些相关的专著和学术论文,吸收和借鉴了相关作者的研究成果和学术精华,得到了有关专家、学者的指导和帮助,在此深表感激和敬意。

著 者

2023 年 10 月

目　录

1　绪　　论

1.1　研究背景及意义

1.1.1　研究背景

2021 年 9 月初,中共中央办公厅、国务院办公厅印发了《关于在城乡建设中加强历史文化保护传承的意见》(以下简称《意见》)[1]。历史建筑记录了一个城市的历史著作化,代表了一个城市的著作化底蕴,历史建筑的保护是历史著作化保护的重要组成部分。

辽宁省住房和城乡建设厅发布了《辽宁省历史建筑测绘建档工作指南》(以下简称《指南》)。阜新市作为中华人民共和国成立初期的待振兴的老工业基地,其近代以来的工业遗址和建筑反映了阜新市独特的著作化特征,具有较高的历史和著作化价值。虽然阜新市一直有对历史建筑保护的措施,但是实际上由于老城区改建、拆除的情况越来越多,近代的历史建筑并没有得到较好的保护。如阜新市海州区歌舞剧团院内北侧的西山神社,作为日伪时期的建筑,其设计样式是最经典的庙宇式平房,有"鸟居"标志,可以作为研究侵华日军在阜新市西山地区长期生活的历史证物。但是其如今已被各种民用房屋围绕,其建筑结构也有一定程度的损坏。阜新市住房和城乡建设局为了保护阜新市独有的历史建筑,参照《指南》为阜新市具有优秀历史价值的建筑进行建档立案工作。

随着数字城市和数字地球的不断发展,数字化技术越来越成熟,这对历史著作化遗产的保护工作来说是一个新的契机[2-4]。尤其是实景模型构建技术和激光扫描技术出现后,在历史建筑的测绘领域有着很广泛的应用,除了历史建筑模型的精度得到提高外,历史建筑的材料特征、表面纹理、色彩、地理位置、周边环境、保存状态都可以被记录和留存[5]。

近年来,实景三维模型广泛应用于古建筑数字化存档保护工作,但是在实际航摄过程中存在较多的盲区。实景三维建模的数据获取方式主要有无人机搭载光学相机进行倾斜摄影测量、贴近摄影测量和激光扫描测量三种。一般出于安全性考虑,无人机搭载光学相机进行倾斜摄影测量时,飞行高度相对较高,拍到的地面建筑纹理特征不够清晰。贴近摄影测量操作烦琐,需要太多的人力和物力。而激光扫描测量,虽然可以有效获取建筑的高精度数据,但是由于变换站点麻烦和受地形影响,无法有效获取建筑物顶部和复杂构筑物的纹理,重建的模型容易出现空洞等情况。综上所述,如果可以将这三种测量数据进行融合建模,就能够更快更精准地得到高精度的实景三维模型。

GIS(地理信息系统)技术在历史建筑保护和建档立案中的应用方面前景广阔,可以更好地理清城市管理脉搏。利用 GIS 技术对历史建筑进行空间分析,可以提供更好的科学数据分析,以数字城市的形式对历史建筑进行 GIS 构建可以更直观地为决策和历史建筑保护提供支持。

因此,亟须研究并构建一个基于 B/S 架构的地上地下一体化、BIM 与实景模型一体化的 3DGIS 平台,实现古镇长辛店棚户区实景模型和地下三维管网及古建筑精细模型的构建,并将这些多源异构数据共用于搭建长辛店棚户区三维场景,同时实现棚改档案联合实景模型存储管理、古建筑 BIM 精细化管理、地下管网三维可视化以及三维空间分析等功能。提升棚户区改造监管水平,保障项目推进更加科学、有序。通过地理信息技术来指导棚改工程,让地理智慧带动数字古镇棚户区改造稳定、快速地进行。

本书依托阜新市住房和城乡建设局的历史建筑测绘建档项目,以《指南》为标准,探究空地一体化方法下的纹理精细化实景三维模型构建和空地激光雷达扫描仪获取点云数据辅助 Revit 进行 BIM 模型构建的两种历史建筑模型构建方式,并将获取到的模型数据和建筑信息数据相结合。通过 GIS 平台,建立空间数据库,对实景三维模型整合管理,对古建筑的保护研究建立数字档案,为历史建筑管理者提供决策支持。

1.1.2 研究意义

目前各个地区的历史建筑三维 GIS 平台存在以下问题:

(1) 传统的 GIS 历史建筑档案管理,所存资料多为纸质、图片、二维信息等,资源共享存在困难,容易导致信息更新不及时,从而造成资源的重复生产,并且二维的信息数据在可视化表达上有所欠缺,在进行信息查询时需要一定的专业能力。

(2) 当前三维 GIS 平台所使用的三维模型在数据获取方面,一般利用倾斜摄影测量获取数据,该方法为了弥补地面遮挡下的建筑表面空洞需要在进行模型构建后通过大量的修模来达到建立完整的三维实景模型的目的。而利用激光雷达获取数据具有成本昂贵且建模流程烦琐的缺点。

随着城市数字化进程的不断加快,历史建筑数字化存档的要求越来越高。传统的历史建筑存档,建筑物信息的存储大多数采用图纸的方式。这种方式的存储存在实体著作件丢失损坏的风险,并且记录方式抽象。新型的数字化存档可以有效解决这个问题。

随着 GIS 与三维模型的不断发展,二者结合的三维 GIS 已成为主流。其主要特点是三维数据的可视化程度高。实景三维模型是一种常用的可视化模型,其也经常被应用于古建筑保护。随着对建筑模型的要求越来越高,由于各方面原因造成的误差导致实景模型精度不够,存在局部拉花、空洞等问题[6-8]。传统倾斜摄影测量生产出的实景三维模型对模型进行后期修整的工作量很大,同时完成这项工作需要一定的技能水平。由于历史建筑所具有的著作化底蕴主要在其独特的建筑结构中,实景模型不能很好地表示建筑的构件信息,BIM 模型对于建筑物构件的信息的表达更有优势,因此引入 BIM 模型可以实现建筑结构及内部的可视化。

本书以构建具有多源数据、系统可查建筑物大部分信息的阜新市历史建筑管理 3DGIS 平台为目标,利用空地一体化获取高分辨率(毫米级)纹理的历史建筑实景三维模型。使用该模型与正常分辨率(厘米级)阜新市城区整体的三维模型进行模型单体化分割、挖洞后的融合,结合利用点云数据辅助人工构建的 BIM 模型,这三者数据共同构成本系统的模型数据。利用阜新市住房和城乡建设局提供的信息数据加上外业实地勘测和内业模型量测的建筑信息数据,共同构成了建筑物的属性信息数据。以 Supermap iObjects. NET 10i 组件为开发平台,将模型数据与属性信息数据集成到一个 3DGIS 平台中,设置多种查询方式、浏览方式、地理分析功能。以此作为数字引擎,使城市的历史建筑数字档案更加健全,信息查询更加方便快捷。

1.2 国内外研究现状

1.2.1 模型构建技术现状

随着软硬件设备和各类理论的发展,模型构建技术出现了手工建模、激光扫描建模、摄影测量建模、参数化建模四种建模方法。

(1)手工建模

手工建模是指利用建模软件人工建模。该方法的优点是可以对单个或者小范围对象进行精细化程度较高的模型构建,但是存在获取数据困难、模型构建复杂、人力耗费较大等缺点。郭雯[9]利用 3Dsmax 软件手工制作了小范围的城市模型,该建筑群模型具有较高的精细化程度。

(2)激光扫描建模

激光扫描建模是指利用激光扫描仪获取数据。该方法具有获取数据精度高的优点,但数据获取设备造价昂贵,致使其具有建模门槛较高的缺点。激光扫描构建三维模型技术随着三维激光扫描仪的发展而发展,从站点式和手持的激光扫描仪发展到车载式、机载式的激光扫描仪。激光扫描建模的数据获取范围经历了由最早的仅适用于小区域或少部分对象到适用范围越来越大,数据获取速度也越来越快。三维激光扫描技术凭借无须接触、高精度、高效率、细节表现力强等优点,仍是当前历史建筑修复及保护、虚拟现实等方面数据获取的首选方式。其中,M. L. Song 等[10]通过激光扫描建模的方式构建了历史建筑的数字空间档案,还原了许多历史建筑的细节。

在国外,针对激光扫描的研究开始较早,自 20 世纪 90 年代第一台三维激光扫描仪问世以来,Faro、Trimble、Leica 等公司均研发出了众多三维激光扫描仪产品。这些产品搭配相应的后处理软件生产出的数据可用于多个场景,由于获取到被测对象表面海量的高精度点云数据,可被应用于模型构建。国内的激光扫描技术起步较晚,但是在国内众多学者的努力下也取得了显著成果。2012 年中海达公司研发的 LS-300 为国内首台具有完全知识自主产权的扫描仪。近年来,中海达、大疆等公司陆续推出了机载 Lidar 系统,并提供了雷达结合数码相机的针对性产出解决方案。

(3)摄影测量建模

当前摄影测量模型构建的方式主要依靠数字摄影测量。常用的数字摄影测量有倾斜摄影测量和近景摄影测量,其中倾斜摄影测量被广泛应用于大范围的模型构建,并以其高效的获取数据手段和成体系的数据处理流程成为当前应用最广泛的模型构建方式之一。

国外针对摄影测量建模的研究开展较早,美国 Pictometry 公司自主开发了 Pictometry 这一革命性的摄影测量系统并申请专利,是世界上最早的摄影测量系统[11]。之后该公司推出了一款用于倾斜摄影测量的五镜头相机[12]。2000 年,ADS40 三线阵数码相机问世,其可以获取地物前视、后视、正视三个方向的影像[13]。随着摄影测量设备的不断发展,摄影测量后处理软件也发展起来,Acute 公司自主研发的 Smart3D 软件可以根据航摄影像及对应影像的空间姿态信息自动建立高精度的实景三维模型,之后该软件改名为 Context Capture。

国内的摄影测量技术起步相对较晚。2010 年,北京天下图数据技术有限公司从 Pictometry 公司引进了倾斜摄影技术。同年,刘先林院士带领的团队研发了倾斜摄影机 SWDC-5,该相机包括 1 个下视的垂直相机和前后左右 4 个倾角 45°左右的相机[14]。紧接着多角度相机陆续推出新的版本,如 TOPDC-5、AMC580 等。近年来,国内相继涌现出了众多摄影测量后处理软件,如 DJI Terra、DP-Smart、Mirauge3D 等。

摄影测量建模所获取的模型为实景模型,随着相关技术的发展,各行业对实景模型的纹理精细化的要求越来越高,由此衍生了各种纹理精细化方法(摄影测量与修模软件结合起来的精细化、多种摄影方式结合起来的精细化等)。每种方式都有其优缺点。杨彦梅等[15]利用 DP-Modeler 软件对模型进行修饰来获得精细模型,该方式可对模型中的孔洞、悬浮物及其他模型缺陷进行弥补,最终得到精细化的模型。这种方式的纹理修饰在不增加外业工作量的前提下受外业数据获取时的相片分辨率的影响,不会出现经过修饰后大幅度提高真实纹理的分辨率的情况,并且存在人力物力耗费大、不适合大范围模型修饰工作等缺点。宰春旭[16]利用将多种摄影方式结合的方式来进行精细化纹理的模型构建,对于局部目标对象采用近景摄影测量,对整体采用倾斜摄影测量,兼顾目标对象和其周边区域,粗中有细,创建了纹理精细化的实景三维模型。该方式增加了外业无人机飞行时的作业量,但极大地减少了内业工作量,相比修模软件结合进行的精细化,更适用较大范围、纹理分辨率要求高的模型精细化需求情况。然而仅使用摄影测量建模的方式难以对目标对象的细小构件进行构建。

(4)参数化建模

参数化建模的代表是 BIM(building information modeling)技术。BIM 模型指的是建筑信息模型,其本质是以虚拟仿真技术制作虚拟仿真模型。在对建筑模型的构建中由于其可以记录建筑物几乎所有的工程信息属性的特性而被广泛应用。自 Revit 软件在美国问世以来,BIM 进入了高速发展时期。国际中主流的 BIM 平台有 Revit、MicroStation、Tekla Structures 等软件。国内参数化建模开始较晚,在政府层面的推行及学者的研究中,BIM 技术在我国得到了高速发展。周阳[17]探究了 BIM 技术应用于历史建筑的可行性,并利用 BIM 技术构建了历史建筑的 BIM 模型。该方式进行逆向建模构建的 BIM 模型可以完整展示建筑物的构件信息,但是在反映目标对象表面纹理方面并不理想。

1.2.2 3DGIS 技术在历史建筑保护中应用的研究现状

欧美国家将 3DGIS 技术应用于历史建筑保护中较早。但是在早期 GIS 的表现形式局限于二维。20 世纪末,在历史著作化遗产保护中率先引入了 GIS 技术[18]。随着 GIS 的广泛应用,世界各国利用 GIS 的数据库技术搭建关于历史实物信息的管理系统[19]。GIS 的表现形式也由二维向三维转变。在三维重建领域,激光雷达技术凭借无须接触、精度高、效率高、细节表现力强等特点,在古建筑修复、数字保护、虚拟现实和变形监测等过程中应用广泛[20-24]。早期大部分历史建筑模型的建立都是采用激光扫描仪来获取数据。2002 年,A. Foin 等[25]为土耳其的圣索菲亚博物馆进行数字化重建。2003 年,P. K. Allen 等[26]对日内瓦市的罗曼式建筑利用 Lidar 进行了数字化重建。2005 年,T. Kersten 等[27]首次利用

Lidar 对汉堡市政厅进行了扫描并构建模型。2011 年，A. Pesci 等[28]以三维数字化扫描的方式对比萨斜塔进行数字化保护。2017 年，M. Polig[29]使用摄影测量技术和 Lidar 扫描技术，构建了瑞典隆德大教堂模型，并利用 ArcGIS 软件实现了三维数据的查询和分析。2018 年，S. Gupta 等[30]对印度古吉拉特邦建立了二维与三维相结合的 GIS 系统，可对城市的地下管道及交通管道进行地理分析。同年，D. Navas-Carrillo 等[31]对安达卢西亚进行模型构建，并进行立体分析。

利用 3DGIS 实现历史建筑的数字化存档在我国开始的较晚。2002 年胡明星等[32]将 GIS 技术应用到镇江市西津渡街区，利用 GIS 技术对数据进行采集、存储、分析并将其应用到西津渡的管理和决策中。2011 年郑晓华等[33]利用 GIS 技术对南京著作化街区进行档案管理并建立数据库，并以年代、质量、层数、风貌等对这四个单因子赋予权重建立建筑价值评价体系。2017 年葛天阳等[34]利用 GIS 及 AHP 对南京湖熟古镇核心地段进行历史建筑多级综合评价，有效提高了评价的效率和针对性。同年，宋阳[35]利用激光扫描技术，针对性地对关中地区的古塔建筑进行三维重建，构建的数据库包含建筑的各类信息，并搭建了可视化系统。匡标[36]利用三维激光扫描技术为石鼓书院建立了三维数字化档案。如今为响应国务院发布的《意见》，各地纷纷加快历史建筑数字化建档立案的进程，并均有成效。

1.2.3　BIM 与 GIS 相结合应用于历史建筑保护的研究现状

随着 BIM 的不断发展，BIM 与 GIS 相结合的模式开始发展。GIS 具有宏观的地理信息，而 BIM 包含微观的建筑信息，二者融合对 GIS 的应用领域的扩展十分有利。

国外对 BIM 与 GIS 融合研究较早。早期的融合主要是从 IFC(industry foundation classes)和 CityGML(city geography markup language)两种数据出发进行研究。L. V. Berlo 等提出并完善了"GeoBIM"，使 IFC 模型中的几何信息和语义信息可以转化到 CityGML 模型中[37-38]。2017 年 M. Breunig 等[39]将 BIM 模型与 GIS 技术相结合，以开发协同平台及模型构建来改进数字规划，为 BIM 与 GIS 相结合提供指导。2018 年 P. C. Lee 等[40]在管廊工程 GIS 方面提出了一个 BIM 与 GIS 相结合的集成系统，并根据需要开发了维修和管理功能，提高了系统的性能。

国内针对 BIM 与 GIS 相结合的研究起步较晚。在对上海思南路的历史建筑群改造中利用 BIM 技术逆向创建信息模型。之后结合 GIS 系统和 VR 技术，使建筑物管理和浏览更加方便快捷[41]。上海玉佛禅寺的修建也使用了 BIM 技术，利用三维激光扫描仪获取点云，之后导入 Revit 软件中通过捕捉直接绘制生成几何体，将工程师更关心的建筑尺度等信息表现出来，结合 GIS 系统集成了可视化展示、数据提取、解决方案比选等强大功能[42]。2018 年，张文静[43]利用 HBIM 技术对武汉咸安坊构建 BIM 模型，并建立族库。2020 年，曾泽颖[44]利用 BIM 与 Web 端的 GIS 结合，构建了历史建筑的可视化预警系统。

1.3　主要研究内容

通过分析现有的模型构建方式，结合本项目的高效率和包含建筑物更多信息的项目需求，通过对多源异构的二、三维地理信息数据的融合，最终构建地上地下一体化、古建筑

BIM 与实景模型相结合的 3DGIS 平台,为管理工作与改造过程中古建筑保护提供新的解决方案。本书将问题细化,主要研究内容包括:

(1)由于实景三维模型在可视化方面的应用较多,而可视化的本质是显示,实景三维模型的可视化也是对模型纹理的一种展示。本书构建历史建筑模型的第一种方法就是探究建立纹理清晰(毫米级)的实景三维模型,采用贴近摄影测量和倾斜摄影测量相结合的方式,在两种方式之间建立分辨率缓冲航带来保证贴近数据与倾斜数据的重叠度,从而保证空中三角测量(以下简称空三)的成功进行,以达到建立纹理清晰的历史建筑实景三维模型的目的。

(2)历史建筑独特的结构是其著作化底蕴的一部分。采用虚拟仿真技术制作的 BIM 模型可以完整地记录建筑物的所有信息。传统的利用 CAD 图纸建立 BIM 的方式显然不能满足历史建筑的现实情况。本书探究的是利用激光雷达设备获取历史建筑的赋色点云数据,利用点云数据辅助逆向构建 BIM 模型的方法。

通过现状分析,本书从构建阜新市城市历史建筑数字化档案的实际需求出发,利用有关部门提供的现有数据及通过外业量测获取建筑物的属性信息;利用无人机设备获取数据,构建纹理目视精度达毫米级的实景三维模型;利用空地激光雷达设备获取阜新市 12 个历史建筑(新邱火车站、西山神社、西山水塔、校园中心、体育场、平安俄式建筑、煤城路日式建筑、西山宾馆、南桐楼、化工厂、制酒一厂、阜矿宾馆)的点云数据,并利用点云辅助构建 BIM 模型。通过倾斜摄影测量空地融合技术、三维仿真模型构建技术、模型单体化技术、数据库搭建技术、BIM 与 GIS 融合技术等技术的组合,利用 SuperMap iObjects. NET 组件在 C♯ 语言下进行二次开发。

系统使用的场景著作件是基于 SuperMap iDesktop 10i 软件搭建的。本次开发通过对 SQL Server 数据库的录入、设计、访问,以 SuperMap SDX+ 为空间数据库引擎,对模型数据进行管理分类,并对三维地理信息数据及建筑物属性信息数据进行整合,最终实现基于纹理精细化的实景三维模型与 BIM 模型融合的阜新市老工业基地历史建筑 3DGIS 管理平台构建。

1.4　组织结构和技术路线

1.4.1　组织结构

本书以阜新市历史建筑为研究对象。以高纹理分辨率的历史建筑实景模型、BIM 模型与整个阜新市的常规实景模型相融合为模型基础,以内外业实测数据结合政府部门提供数据为数据基础,综合利用三维空间分析、数据库、SuperMap. NET 二次开发等技术构建阜新市历史建筑 3DGIS 管理系统。

1.4.2　技术路线

基于多源数据的历史建筑 3DGIS 管理平台构建技术路线如图 1-1 所示。

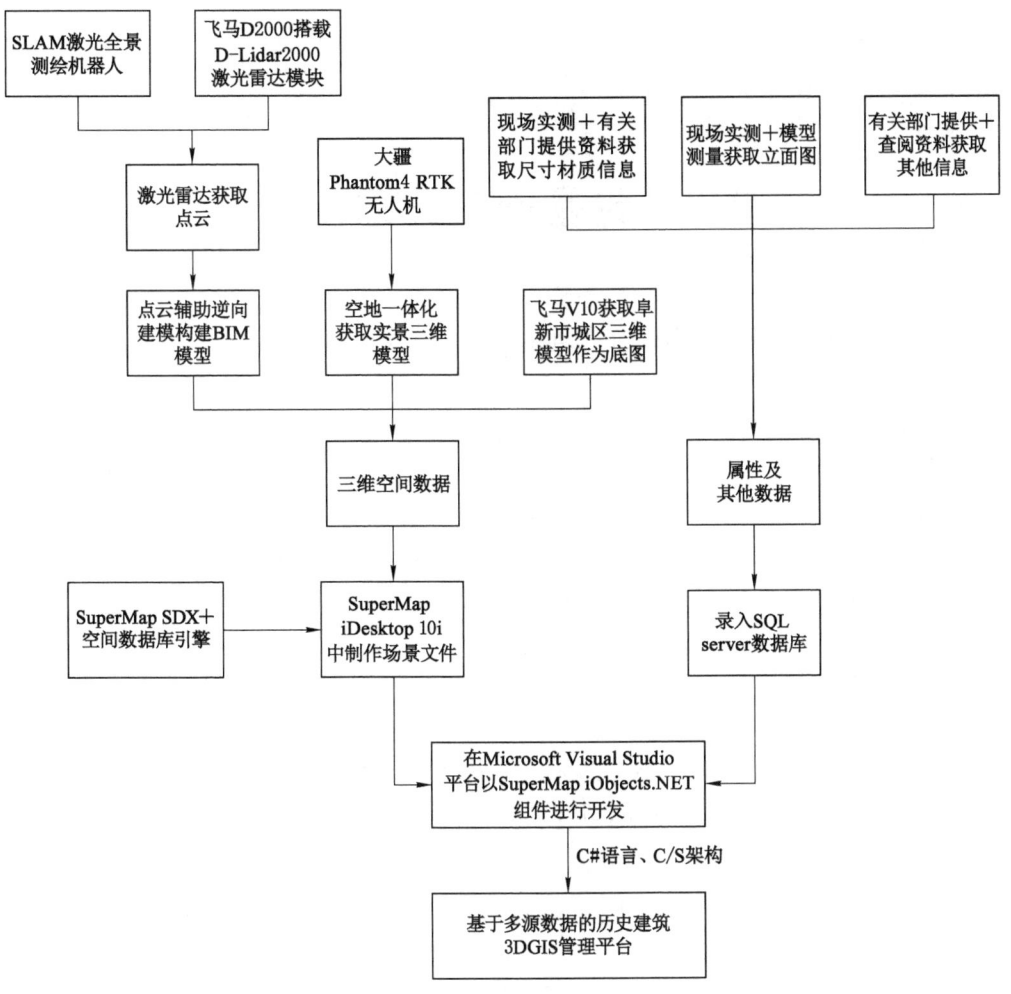

图 1-1　技术路线

2 理论基础与关键技术

2.1 无人机倾斜摄影测量技术

倾斜摄影测量是测绘领域近年来结合无人机产出的先进技术。近年来随着 5G、人工智能等技术的不断发展,数字城市概念不断深化,实景模型的建立成为热点,倾斜摄影测量相比传统的航空摄影测量具有较大的优势。结合无人机的倾斜摄影测量,通过无人机搭载单个或者多个相机,从多角度获取地面影像的数据,对获取到的数据进行预处理后通过地面数据处理软件进行实景模型的构建。其工作效率、作业成本等均优于传统的航空摄影测量,从而被大规模使用。结合无人机的倾斜摄影测量主要包括数据获取和数据处理两个部分[45]。

2.1.1 倾斜摄影测量系统组成

无人机倾斜摄影测量系统一般分为无人机平台、摄像传感器系统、导航系统。在无人机飞行作业过程中分别担任飞行载体、目标信息获取、数据获取瞬间坐标及飞行姿态记录的职责。

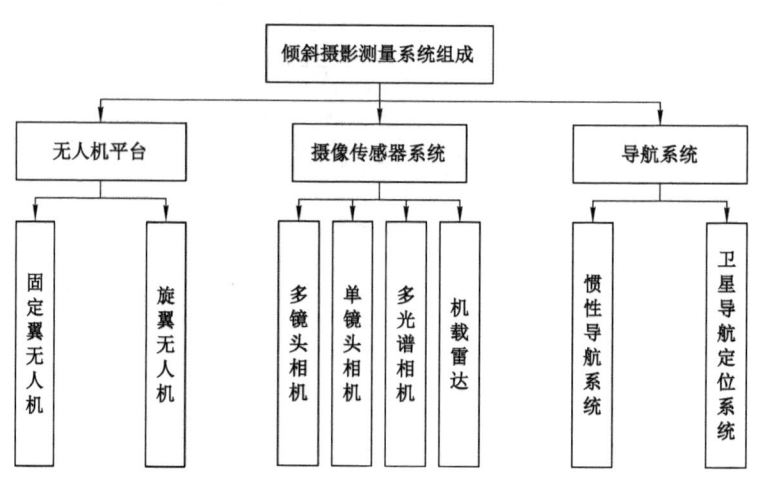

图 2-1 倾斜摄影测量系统组成

摄影测量影像数据处理是利用计算机视觉的原理进行空三生成点云,将点云、POS 数据、地面控制点结合起来,构建三角网(以下简称 TIN 网),进而构建模型的过程[46]。

2.1.1.1 无人机飞行平台

无人机是获取倾斜影像的载体,一般分为旋翼(图 2-2)和固定翼(图 2-3)。由于特性不同,固定翼无人机一般飞行高度较高,多搭载长焦距相机,获取大范围区域的倾斜影像。而旋翼由于可以随时在空中悬停,操作简单且具有极高的稳定性和安全性,搭载高分辨率相机即可快速获取清晰的地面相片数据,一般用来获取高分辨率、小范围的地面影像数据。

图 2-2　常见的多旋翼无人机

图 2-3　常见的固定翼无人机

旋翼无人机是当前小型测绘使用最多的无人机类型。低空搭载高分辨率相机飞行后处理数据可以快速得到满足国家 1∶500 地形图成图标准的模型。常见的测绘用多旋翼无人机有飞马机器人公司生产的飞马多旋翼无人机,如 D2000、D200、E2000 等;大疆公司生产的大疆 Phantom4 RTK 版无人机、大疆经纬 M300 RTK 版无人机等。这些无人机上搭载的RTK 均达到了厘米级,在影像获取方面很有优势。

2.1.1.2　摄像传感器系统

摄像传感器系统指的是挂载在无人机飞行平台上的获取地面数据的模块,主要有多镜头相机、单镜头相机、激光雷达模块等。

多镜头相机有五镜头、两镜头等。五镜头由垂直镜头和四个倾斜镜头组成,在飞行中可获取更完整的地面纹理信息,如图 2-4(a)所示。两镜头和单镜头相机有体积小和重量小的特点,但是由于相机数量较少,一次摄影仅可获得两张或单张相片,在摄影中需要调整视角交叉飞行,如图 2-4(b)所示。

无人机机载激光雷达模块一般会搭配相机共同进行数据采集。在获取目标点云的同时获取目标色彩信息,在获取到点云后可通过点云赋色来增强目标的可视性,如图 2-4(c)所示。

(a)　　　　　　　　　(b)　　　　　　　　　(c)

图 2-4　机载相机传感器系统

2.1.1.3　导航系统

　　无人机搭载的导航系统主要分为自主式导航系统和非自主式导航系统两类。非自主式导航系统是指卫星导航定位系统（以下简称 GNSS 系统），主要获取无人机的空间位置信息；自主式导航系统通常是指惯性导航系统（以下简称惯导系统），主要获取无人机的姿态信息。由于惯导系统的采样间隔小于 GNSS 系统的，惯导系统可通过内插的方式补充 GNSS 系统。二者相互补充，可大幅度提高获取到的空间信息和姿态信息的精度。

2.1.2　贴近摄影测量技术

　　贴近摄影测量是倾斜摄影测量的一种，是以物体的"面"为摄影对象，通过对目标物的近距离摄影来获取超高分辨率数据，提取目标对象的精细化纹理特征等地理信息。该技术是适应精细化测量更高标准的全新摄影测量技术，但是由于人工采集数据困难，一般采用斜面航线飞行的方式结合人工补拍来降低人工成本，并获取超高分辨率影像，进行精细化地理信息获取。

　　贴近摄影测量主要是近距离获取高精度的目标物信息，一般采用高清数码相机进行近景拍摄。在本次实验中，采用大疆 Phantom4 RTK 无人机手动控制贴近建筑物进行螺旋航线拍摄，拍摄相片之间的重叠度不小于 60％，对于建筑复杂区域进行补拍以便于补充纹理。同时手动建立一条连接倾斜摄影测量飞行轨迹的航带，与倾斜摄影测量融合建模过程建立缓冲区，有利于后续的融合建模过程。此方式可以更快捷地获取相片及 POS 数据，并且对于建筑物较高且复杂的部分可以更方便快捷地采集数据。

　　贴近摄影测量的数据采集流程如图 2-5 所示。

　　在贴近摄影测量数据采集过程中，常规的点对面的测量会存在角落纹理清晰度不理想等状况。在进行常规的贴近摄影测量后，需要对角落处和结构复杂处进行人工优选视角补拍，以确保建筑物纹理的完整性。

　　贴近摄影测量的拍摄中整体航向重叠度和纵向重叠度需要不低于 70％。对于建筑物直角位置，采用环绕飞行加细节补拍的形式，对于地面遮挡物比较靠近建筑物楼体的情况，采用手持无人机进行补拍的方式，利用无人机内置的 RTK（实时动态载波相位差分技术）及挂载相机，代替带有 RTK 组件的数码相机进行拍摄，如图 2-6 所示。

2.1.3　空地一体化技术

　　无人机倾斜摄影测量以无人机低空飞行搭载高清相机获取相片纹理信息，由机载 GPS

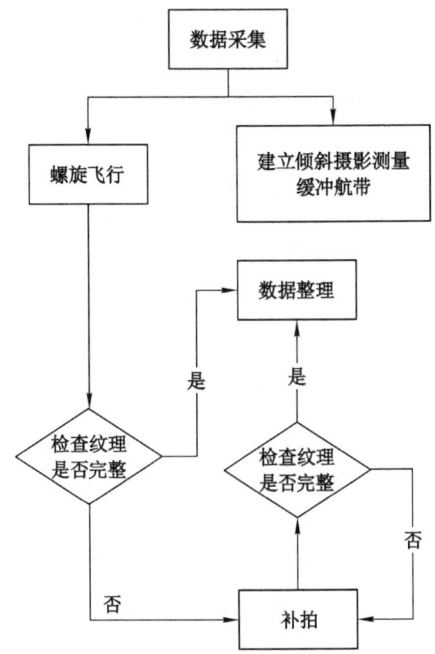

图 2-5　贴近摄影测量数据采集流程

图 2-6　贴近摄影测量俯视示意图

获取相片的空间位置和姿态信息,经过空三加密、绝对定向、密集点匹配、纹理映射、模型构建等步骤,可以生成实景模型和对应的真彩色点云。采用此种方式获得的真彩色点云较为稀疏,实景三维模型清晰度并不理想,建筑物的底部纹理容易缺失。

　　贴近摄影测量是先以环绕式飞行方式对建筑物进行数据获取,对建筑物的面采用立面航线规划的功能进行采集。接着对建筑物结构复杂的区域进行补拍。进行补拍时人工操作无人机可以人为规避近距离飞行中的风险,可以拍到更完整的纹理信息和细节。模型生产时可以提供更优质的纹理贴图和更清晰的底部纹理。贴近摄影测量获取到的近景相片是无人机空地一体化中清晰纹理的来源。

　　空地一体化的要求是将倾斜摄影测量与贴近摄影测量的数据统一到同一个坐标系下建立实景三维模型。空地一体化建模需要按照模型精度规划制订飞行计划,获取相应的空中倾斜影像。地面通过贴近航线规划飞行和手动操作无人机与建筑物保持近距离环绕飞行,保持较高的相片重叠度,获取建筑物高清的纹理信息,并且采集一条与倾斜摄影航线具有足够重叠度的采集路线,获取影像后进行数据的检查、整理,合格后进行空三,再对空三报告精度进行检查,合格的话就可以进行 TIN 网的构建、纹理映射等,最终构建建筑物的实景模型。

将获取到的倾斜摄影测量数据及贴近摄影测量数据进行统一的整理检查和预处理。将两份数据联合平差计算,使空中和地面数据统一于同一坐标系下,并且计算出每张影像的外方位元素,空三获取融合后的点云数据。根据空三的结果进行 TIN 构建、纹理映射等工作,最终构建出精细化纹理后的实景模型。

空地一体化外业测量相较于正常的倾斜摄影测量有以下两点需要注意:

① 在手动飞行过程中需要保证航带中的连续相片有 60% 以上的重叠度,航带与航带之间也要保持较高的重叠度。

② 贴近摄影测量及无人机倾斜摄影测量的相片统一到一个空间参考基准下才可以正常建模。

为了保证空地影像之间的重叠度,需要在贴近摄影测量结束后建立与倾斜摄影测量飞行平面具有适合重叠度的飞行航带,以便将空地数据进行整体的区域网平差以统一空间坐标系。

空地一体化的建模流程如图 2-7 所示。

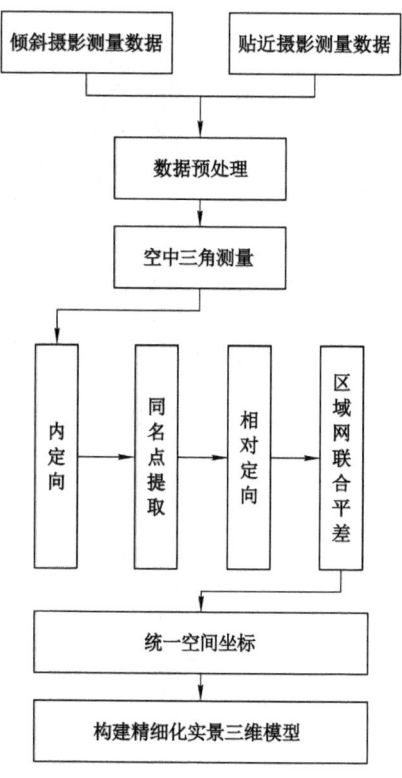

图 2-7 空地一体化建模流程

2.2 激光扫描技术

2.2.1 激光扫描仪原理

使用激光雷达数据旨在获取建筑物精确的结构信息,激光雷达数据一般由三维激光扫描仪获取。三维激光扫描仪是由激光测速仪和反射棱镜组成的,可以以一定的速度旋转激光扫描的角度。激光扫描仪和接收器向被测物体发射和接收激光,从而测量与目标物体之间的距离 R。激光扫描仪同时记录当前扫描仪的空间角姿态 β 和 θ,从而获得当前测量的点云数据坐标为:

$$\begin{cases} x = R\cos\theta\cos\beta \\ y = R\sin\theta \\ z = R\cos\theta\sin\beta \end{cases} \tag{2-1}$$

地面三维激光扫描仪获取数据的工作流程一般分为勘察环境、测站布设及设置仪器参数。勘察环境主要是在作业前对作业环境进行勘察,以确定扫描仪的布设位置且避免测量过程中的遮挡。测站的布设位置一般是由前期的勘察所决定的,在实际采集过程中可以根据实际情况来调整,相邻测站的扫描区重叠度应该不小于 30%,并且相邻测站之间需要设置标靶或控制点,以方便后期相邻测站间的数据融合,保证建模时数据的完整性。设好测站之后根据实际情况对三维激光扫描仪进行参数设置,即可开始采集数据。其工作流程如图 2-8 所示。

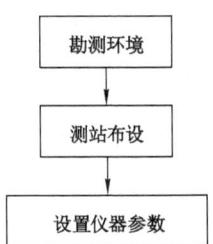

图 2-8　三维激光扫描仪工作流程

2.2.2 激光扫描系统分类

随着激光扫描技术的不断发展,现今的激光扫描仪结合外部设备产生了不同类型的激光扫描系统。

(1)机载 Lidar 系统

机载 Lidar 类似于倾斜摄影测量,将三维激光扫描仪以挂载的形式与小型无人机结合,配合无人机搭载的 GPS 系统、惯导、数码相机等。利用摄影测量和激光测距的原理,采集地面点云及图像数据,基于获取到的数据对地面进行三维建模。

(2)地面扫描系统

地面扫描系统是以传统的设立站点进行扫描,主要通过静态的方式获取目标的表面信息,主要的组件为激光扫描仪、计算机等,部分会附带相机以便获取目标物的纹理信息。另外,此种扫描系统延伸出了车载等形式,以弥补地面扫描仪的机动性缺陷。

（3）手持扫描系统

手持扫描系统的特点是体积小、精度高,由于这些特点经常被用于对小型著作物及著作物构件的测量,可以快速获取三维点云。另外,随着 SLAM 的发展,如今已研制出以 SLAM 算法为基础的背包式激光雷达扫描系统,使用者只需要背上仪器,按照规划好的路线进行作业就能获取周围建筑物的三维点云数据。

2.2.3 点云配准技术

对于建筑物的扫描,单一使用地面扫描系统进行点云获取,建筑物顶部纹理可能缺失,一般采用无人机搭载机载雷达来补充顶部点云。采用两种方式获取到的数据处于相同坐标系下是后续模型构建的基础。在两种扫描数据重合的区域设置标靶或者控制点,对标靶中心点进行拾取,将两种数据统一到一个坐标系下,这个过程就是点云配准。常见的点云配准算法有七参数法、罗德里格矩阵表示法、迭代最近点算法（以下简称 ICP 算法）等。

三维点云配准的实质是点云的空间坐标转换,设两种待配准的点云集为 $(X、Y、Z)_1$ 和 $(X、Y、Z)_2$,其数学模型为:

$$\begin{bmatrix} X \\ Y \\ Z \end{bmatrix}_1 = \begin{bmatrix} \Delta X \\ \Delta Y \\ \Delta Z \end{bmatrix}_1 + \boldsymbol{R}(\varphi、\omega、\varepsilon) \begin{bmatrix} X \\ Y \\ Z \end{bmatrix}_2 \qquad (2-2)$$

式中,$(\Delta X、\Delta Y、\Delta Z)$ 为平移矩阵;$\boldsymbol{R}(\varphi、\omega、\varepsilon)$ 为旋转矩阵。

七参数法和罗德里格矩阵表示法就是通过点对选取等计算转换参数的配准方法,但是在采用七参数法计算过程中,当欧拉角变得较大时,模型会出现失真现象。罗德里格矩阵表示法的本质是由实对称和反对称两种矩阵组成旋转矩阵,其三角函数计算较为烦琐,但是可以直接求出解。而 ICP 算法是基于几何特征的配准方法,以点、线、面等几何特征来计算平移和旋转矩阵,从而实现点云配准方法,配准结果较为准确,但是迭代过程较为烦琐。

2.3　BIM 相关技术

BIM 是指建筑信息模型,Autodesk 公司于 2002 年提出这个概念,并由 Jerry Laiserin 向公众推广。BIM 技术是通过三维数字技术,将建筑工程的各个信息集成在一起的一种可视化表达,可以清晰表示出建筑的每个结构的几何尺寸和属性信息。逆向建模技术是指基于现实中存在的物品进行建模,必须是先有实物再进行建模。

2.3.1　常用的 BIM 建模软件

随着 BIM 模型的发展,制作 BIM 模型的软件越来越多,其中常见的软件有 Revit 软件、3DMax 软件、Bentley 系列软件。

（1）Revit 软件

Revit 软件在制作 BIM 模型时将工程信息赋予三维模型,在构造 BIM 模型过程中,以"族"为基本构建,记录了每个结构的尺寸和相应属性,在建立同类建筑构件的过程中改变参数后快速生成构件,提高了建模效率,但是与其他软件的交互能力较差。

（2）3DMax 软件

3DMax 软件是一款 3D 建模渲染和制作软件，最早运用在游戏的动画制作中，其块结构包含 Mesh 和 UV 两个编辑子块，Mesh 主要表达三维场景，UV 存储了物体的材质、纹理、场景等信息。该软件在制作模型时模型精细度较高，可以实时渲染，但是 BIM 模型构建的流程比较复杂，容易产生一些冗余数据。

（3）Bentley 系列软件

Bentley 系列软件包括三维参数化建模、曲面和实体造型、管线建模、设施规划等功能模块，该软件应用范围极广，构建 BIM 模型主要应用于钢筋混凝土的工程信息结构模型。

软件对比见表 2-1。

表 2-1　BIM 制作软件对比

软件名称	建模速度	应用范围	侧重方向
Revit	较快	广泛	带有工程信息的三维建筑模型、建筑设计
3DMax	中等	比较普及	动画渲染、特效制作、游戏模型制作等
Bentley 系列软件	较快	较小	制作各种信息结构模型，如混凝土结构和钢结构

综合来看，Revit 软件在构建建筑模型时可以录入丰富的几何信息、属性信息和工程信息，在未来对历史建筑进行修复时可以提供更多的建筑信息。Revit 在模型构建的效率、分析管理、协同办公等方面具有更大的优势。因此本书选择 Revit 软件来制作 BIM 模型。

2.3.2　BIM 概念与特征

BIM 模型的概念最早于 20 世纪 70 年代被提出[47]。BIM 技术是一项虚拟仿真技术，一般以真实的物体属性信息数据来搭建模型，如今的 BIM 技术广泛应用于建筑行业，BIM 模型在记录建筑物项目生命周期中的数据信息时具有很大的优势。其不仅记录建筑物所有构建的属性和几何信息，还记录了建筑物在运维过程中的有关信息。一个历史建筑从开始保护到后期修复，每个阶段都有各个部门、各个领域的决策者共同参与，BIM 技术可以使所有参与者信息具有一致性，更好地服务于建筑物的管理和维护。

BIM 技术具有以下特征：

（1）具有较好的可视化性。

BIM 技术通过计算机技术将建筑设计图纸及相应的建筑数据以三维模型的方式表现。在建筑行业中，传统的建筑图纸对于保存较为规整的建筑还有很大的参考意义。对于非常规的建筑，依靠图纸进行修复的难度随建筑的复杂程度而提高。对于大部分历史建筑来讲，其建筑结构并不简单。相比实景三维建模，BIM 技术搭建的建筑物并非仅浏览建筑的表面纹理，对于建筑物内部结构的浏览也很方便。BIM 技术利用三维虚拟仿真技术制作的建筑物在可视化浏览方面具有很好的优势。

（2）更好的信息共享功能。

在传统的工程中，当建筑物出现问题时，会召集相关部门人员讨论解决。在历史建筑中，获取建筑初期的图纸比较困难。BIM 技术实现了工程中的信息共享，记录工程中各个生命周期的建筑信息，有利于各类专业人员实时对工程项目进行及时调节和修改。

（3）地理分析功能。

BIM 技术通过建筑建模后，可模拟各类分析实验，如爆炸分析、可视域分析等，为工程的各个阶段决策提供优化解决方案，有利于缩短工程建设工期。

2.3.3　IFC 标准

IFC(industry foundation class)是 BIM 中的可扩展数据格式，是由 building SMART 制定的作为 BIM 行业中通用且统一的数据标准[48]。当前主流的 BIM 软件，均提供 IFC 标准的数据接口，可以更方便地进行数据交换。IFC 标准的核心是 IFC Schema(IFC 大纲)。IFC 大纲将建筑工程中的项目全生命周期信息分为数据层、核心层、共享层、领域层[49-52]。

（1）数据层：IFC 大纲中的最底层，主要包括建筑的各项基本属性信息，可以被其他数据层引用。

（2）核心层：分为核心和核心扩展两个模块，根据行业规则定义信息模型，如基本架构、基础关系等。

（3）共享层：服务领域层，实现上下层级的信息交互，如共享建筑服务、组件、建筑和设备元素等。

（4）领域层：IFC 大纲的顶层，具体定义了各种实体，如建筑墙、管道接口等。

在 IFC 标准架构中，引用层级只能是高层级引用底层级或自己层级的信息，避免了上层信息的更改而对整体架构造成的影响。IFC 是 BIM 模型可以与实景模型相互融合的基础，通过对 IFC 数据格式的转换，可将 BIM 模型转化为 GIS 可识别的数据格式。

2.4　模型单体化技术

模型单体化是指管理对象是可以单独选中实体[53]，倾斜摄影测量技术的模型构建是一个连续的 TIN 网络(irregular triangulated network)。对于这种数据，要想选中单独的建筑物甚至建筑物的某一块都需要进行处理才能实现单体化[54]。常用的单体化方法有切割单体化、ID 单体化、动态单体化三种。

（1）切割单体化

切割单体化是对实景模型本身进行分割操作，对模型在物体层面上进行切割分离，其具体方法可概括为：首先设定矢量面为切割线，将模型点集划分为内外两个方面；然后经过计算处理，获取面范围内的点集，这样就创建了整个模型结构；最后通过不同对象的划分与优化获取相应的模型。

（2）ID 单体化

ID 单体化是以渲染处理的方式进行的，其原理是：在实景三维模型中，基于已获取的二维矢量面范围，与之相匹配的三角网顶点值均赋予该二维矢量面的 ID 值，在利用鼠标交互时，按照鼠标选择面的顶点情况，就可以获取与其 ID 一致的部分，同时高亮显示，达到独立选中特定地物的目标。利用这种方式以 ID 的形式获取相同模型的不同部分，这就是 ID 单体化。

（3）动态单体化

动态单体化无需对模型数据进行处理，对需要分割的模型区域进行矢量绘制，在渲染过程中,对矢量面进行拉伸贴合到模型表面,设定拉伸后矢量块的颜色和透明度,在鼠标交互矢量块的时候获得选中模型目标的效果,这种方式的模型单体化在保证模型信息完整的前提下达到了快速分割模型的目的(图 2-9)。

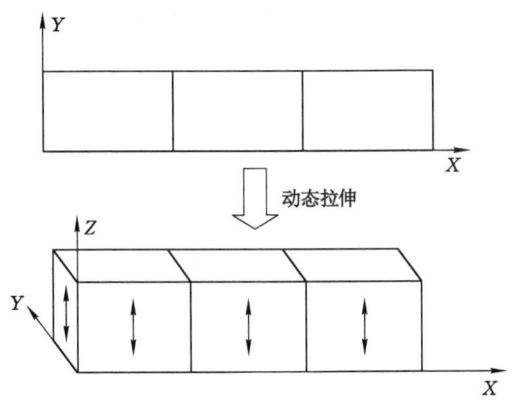

图 2-9   动态单体化原理

2.5   SuperMap SDX＋空间数据库引擎

SuperMap SDX＋是 SuperMap GIS 的空间数据库引擎,为超图 GIS 中的产品提供访问空间数据的能力。SuperMap SDX＋采用先进的空间数据库存储、索引、查询技术,集成混合多级索引技术、著作件缓存技术和数据压缩技术,以达到可以更快速高效地访问数据的目的。其具有强大的集成式空间数据库管理能力。其数据引擎支持各种数据源,如图 2-10 所示。

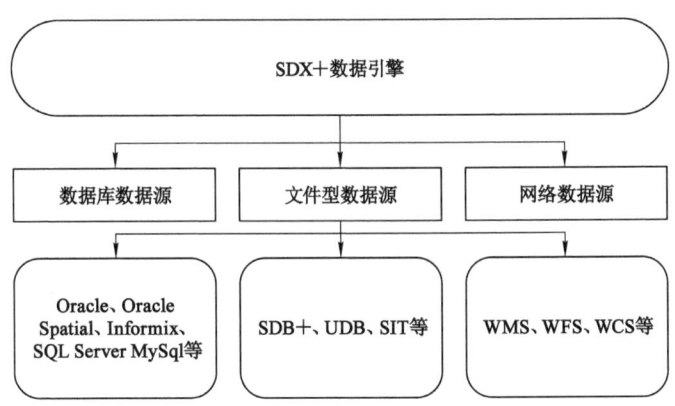

图 2-10   SuperMap SDX＋支持的数据源

SuperMap SDX＋具有如下技术特性:

(1) 支持多种数据库平台。

SuperMap SDX＋支持 Oracle、Oracle Spatial、MS SQL Server、DB2、达梦多媒体数据库 DM 和人大金仓数据库 Kingbase。

（2）支持各种数据模型。

SuperMap SDX＋支持各种空间对象类型，包括点、线、面、著作本、多点、多线、宗地等。支持 Network（网络模型）、Route（路由模型）、TIN（三角格网模型）、DEM（数字高程模型）、GRID（格网数据）、Image（影像数据）、时序数据模型和拓扑模型等复杂数据模型。并且利用虚拟引擎技术，用同一套接口即可访问不同存储平台中的空间数据。

3　构建 3DGIS 平台相关技术与理论

3.1　三维 GIS 技术理论

3.1.1　三维 GIS 概述

　　GIS 作为一门综合性的技术,涉及地理测绘、遥感检测、图像处理等方面的知识,是伴随着信息技术发展,融合多门学科知识而发展起来的一个全新学科体系。如今已经大量应用在土地监测、森林开发、城市建设、交通规划等领域,发挥了重大作用[28]。在软件技术和硬件平台辅助下,GIS 技术不断丰富和完善,基于测绘技术,可以对各类空间数据信息进行收集、保存、分析、共享等一系列操作,并赋予可视化功能,给用户带来诸多便利。尽管在不同行业应用中具有不同方向,人们的理解也存在一些差异,不过 GIS 的多元功能和重大作用得到一致认可。

　　随着信息领域不断发展和突破,收集三维数据的设备和技术也更为丰富多样,不仅为用户节约宝贵时间,还在精度上更有保障。在硬件平台和国际研发合作支撑下,三维 GIS 发展不断取得新的突破。如三维数据收集、模型构建、可视化呈现等技术都趋于完善,并在实践中获得更多经验,而应用场合也从早期的实验仿真、小范围测试发展到大工程使用、城市规划等领域。如今正处于建设智慧城市关键节点上,三维 GIS 技术发挥着更大作用。

　　三维 GIS 和以往二维 GIS 运用流程较为接近,都包括信息收集、保存、管理等环节,为各类使用人员带来十分可靠的数据信息,从而服务于规划、管理等工作。3DGIS 的核心技术包括三维信息收集技术、三维建模技术、三维可视化方案等多种。相比二维背景,新技术更加生动直接,在精确性与稳定性上更有保障。3DGIS 系统可以划分成数据结构、空间分析与数据显示三个方面[29]。

　　伴随 3DGIS 的持续发展,二维和三维逐渐融合,在一体化构建基础上实现了更为完善的三维建模技术,并吸收了一些新技术,比如三维激光扫描等,从而赋予 3DGIS 更旺盛的生命力。在数据处理规范化方面,基于早期 OSGB 格式,逐渐在数据共享和服务发布方面追求高度统一化,通过对标准规范的协调统一,必将促进 3DGIS 未来应用于更多场合[30]。此外,在 IT 层面,VR/AR 等一系列新技术的产生和运用,使得 3DGIS 更进一步拓展,有望具有更全面的功能。

3.1.2　三维 GIS 数据管理技术

　　数据处理即对数据信息展开收集、加工、保存、共享等一系列工作,而数据管理可以视为其中一个重要环节,主要涉及对数据信息科学组织、妥善保存、方便查找、更新等工作。三维 GIS

数据不仅涉及大规模的资料信息,同时其类型丰富,所以做好管理工作并不是一件简单的事情。如今很多数据管理过程仍然沿用二维 GIS 方法理念,仅很少数模型使用三维方法进行管理。其具体方式有著作件方式、混合管理方式等。在具体的管理过程中都要通过著作件系统来实现管理操作,实际上这是早期发展技术较为薄弱的无奈之举。伴随着技术水平的持续进步和发展,如今三维 GIS 逐渐引进管理能力更强的数据库模式来进行管理,保障数据可靠性和独立性,同时通过数据模型对内部关系和逻辑架构进行呈现,更为清晰明确[31]。

3.1.3 三维 GIS 可视化技术

三维可视化技术作为一项基础且重要的功能,可以给用户带来更多便利。顾名思义,三维可视化技术是通过信息技术和图像处理,对空间信息分析后以图像、图画等形式将结果呈现出来。用户可以更加生动、直接地获取信息,并建立交互机制,使得难以理解的信息通过一种形象的方式呈现出来,便于理解和掌握,为用户的行为带来直接参考与辅助决策。和二维层面可视化相比,在三维技术支持下,其呈现出的内容信息更加具有真实感,甚至可以将几何特征与细节层次都十分立体、逼真地呈现在眼前,特别是在人机交互时,图像质量可靠稳定,延迟几乎可以忽略不计,保障用户及时获取最新信息。

伴随着计算机图像学方面技术的发展,各种新的渲染工具纷纷出现,性能也趋于完善。各种模型系统都给用户带来底层渲染 API 等基础技术,如今比较典型的有 OpenGL 等[32]。

三维可视化是 3DGIS 技术的又一项重要法宝,使得其获得更多青睐,在智慧城市建设领域大显身手,发挥着巨大作用。在具体运用环节中,通过 3S 技术、仿真技术等,收集、分析与处理各种数据信息,并创建相应的三维地图,城市规划者可以结合其数据支持来创建城市建设的三维地图模型,进而对城市发展情况进行模拟分析,更好地明确其中可能存在的一些问题,以便进行针对性改进,保障智慧城市建设达到预期目标。三维地图模型基于各类数据库内容,对获取的内容进行分析处理创建模型,对实物进行信息化转换,从而使地图上的标志和形象更加清晰,让城市规划建设者可以把握城市建设的实际情况,对于工程建设与城市发展具有重要作用。

3.2 倾斜摄影测量技术

3.2.1 倾斜摄影测量技术的原理

无人机倾斜摄影测量系统即无人机上搭载高分辨率多视角航摄仪,能够高效地获取高精度航摄影像,经过航摄后处理软件可以快速生成实景模型,真实反映地表实际情况,符合人们对三维信息的真实需求[33-34]。这种新技术其实是融合了传感器技术和 GPS 技术等,所以系统性能更有保障,可以实现对数据的高效处理,同时进行建模分析,获得良好的测绘效果。

基于 GSD 计算公式 $GSD = \delta \cdot h / f$,并考虑拍摄设备相应的旋转角度,通过下面公式计算得到目标影像中心点、近地点与远地点的分辨率情况。将三者的分辨率设定为 GSDmid、GSDtop、GSDbottom,则具体运算公式如下:

$$GSD_{top} = \frac{\delta h \cos \beta_y}{f \cos(\alpha_y - \beta_y)} \qquad (3-1)$$

$$\mathrm{GSD}_{\mathrm{mid}} = \frac{\delta h}{f \cos \alpha_y} \tag{3-2}$$

$$\mathrm{GSD}_{\mathrm{bottom}} = \frac{\delta h \cos \beta_y}{f \cos(\alpha_y + \beta_y)} \tag{3-3}$$

式中　α——倾角；

　　　β_y——视场角的一半，$\beta_y = \arctan(b/f)$；

　　　δ——相应的像元大小；

　　　h——飞行高度；

　　　f——拍摄设备的焦距。

涉及的几何关系如图 3-1 所示。

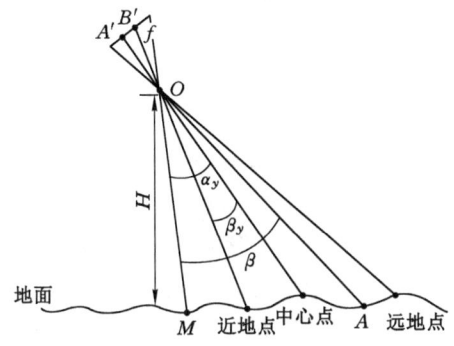

图 3-1　倾斜影像的几何关系

3.2.2　倾斜摄影测量技术的特征

倾斜摄影测量技术所具备的优势可以总结为：

（1）体现地物附近的真实场景。和正射影像相比，其可以让用户从不同角度查看、分析各种建筑地标、自然环境，更接近物体的真实分布状况。因为可以获取侧面深度数据，同时基于全球定位系统的辅助，对于正射影像来说是一个积极补充，整体功能更完善。

（2）可进行单张相片处理。借助软件技术，可以对相关相片内容实现高度、角度等不同指标参数的精确测定。

（3）侧面纹理采集处理。对于丰富多样的三维数字城市应用，通过航空摄影优势和特征，以及倾斜影像高效处理与纹理信息提取，控制建模成本，获取更多细节内容。

（4）高效发布与数据共享。其数据格式便于分享，借助各类软件平台发布，达到共享的良好效果。

3.3　三维地籍可视化

3.3.1　三维地籍的需求

在新时期城市建设发展中，集约化开发成为必然趋势。城市空间开发更加形象、立体，所以与之相应的规划与管理等工作，也必须引进三维思维理念。其一，独立、可靠的三维空间得到更多开发、确权以及运用;其二,在三维开发与土地利用背景下,过去"地表"概念已经变得模糊,难以获得良好的定位效果,而对于地上建筑和地下空间使用无法进行合理辨认。在如今的城市开发过程中,严格意义上的"地表"含义已经难寻踪迹,而是地上地下交织为一个整体,共同成为城市建设中十分关键的构成部分。不同空间中的交互问题,使得权属登记和划分较为烦琐,假如继续沿用二维逻辑来处理,当然无法对它们的关系进行清晰表示。创建三维空间时,需要根据实际需要创建不同界址面,最后在重组程序后达到三维产权体的构建效果。

3.3.2　基于"拔高"的三维产权体重建

通过放射变换处理,实现对各个建筑的平面图的校正,使得楼层的平面结构图和基底图均对应一样的坐标体系与指标参数。可以将校正处理后的平面图视为各楼板面,对楼板面设定相应高程数值,那么楼板面将会在地基上方不同高度位置处悬浮存在,就好比拆除墙体但是依然矗立的建筑楼层,其楼板面依然分布在空中。

分别以不同楼层平面图数据来生成三维数据,可以看作对二维图形立体抬升[35]。这里结合一个矩形拔高作为案例,参考图 3-2(a),此时 $ABCD$ 在拔高后转变为长方体 $ABCDA'B'C'D'$。具体处理过程是对二维图像的点、线根据相应高度设置,从而转换为三维场合下的线和面。例如,A 点抬升后生成了线段 AA',线段 AB 经处理后生成了面片 $ABB'A'$。中间过程不仅是"升维",还需要搭建相应 3D 拓扑关系。处理后形成的体除了要建立单个内拓扑关系,还要分析不同体之间外拓扑连接,图 3-2(b)存在 3 个产权体,均是拔高处理后产生的。在创建拓扑关系时,$A'B'C'D'$ 属于公共部分,需要进一步拆分为 $A'E'F'D$ 和 $E'B'C'F'$,此时 $ABCDA'B'C'D'$ 边界面就从最初的 6 个增加为 7 个。所以,结合以上的阐述分析可以发现,相间隔楼层公共面处理和拓扑关系生成是整个处理过程中的重中之重。

抬升三维产权体几何模型后,需要输入对应数据表,进而对其中的语义属性进一步充实,这样构建更加完善的产权体。

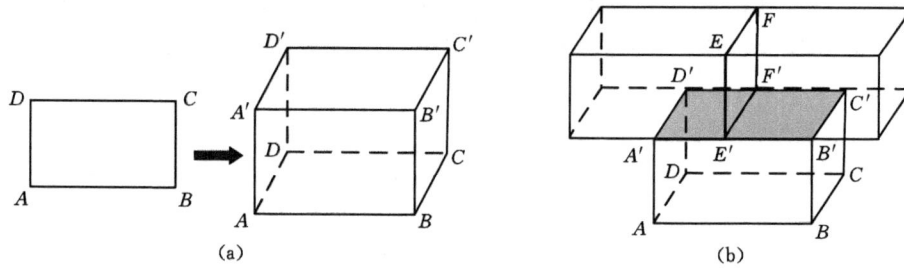

图 3-2　矩形拔高过程

3.3.3　三维产权体可视化

地籍产权体通过三维空间表示,其地形、位置分布以及与周边交通设施的位置状态难以明确,可能存在较大误差[36]。通过可视化表示方式,借助阴影等处理方法,对产权体可视化,除了可以更加生动、直接地表示产权体的空间分布状态,还可以为建模环节中的数据可视化以及呈现创造了便利条件。通过一系列处理过程,可以使产权视图变得更加便于理解、掌握和运用。对于一些单独、关系比较简单的产权体,进行可视化描述难度不大,结合相应图形方式就可以满足需求。不过在一些较为复杂、关系构成多样的产权体集合问题上,单一可视化方式显得捉襟见肘,所以需要利用透视、多视图技术来满足要求。将透明显示与非透明显示功能结合起来,更加注重三维产权体空间分布。如图 3-3 所示,其呈现了单个三维建筑产权体的可视化显示效果。作为对应,图 3-4 为不透明的显示效果。

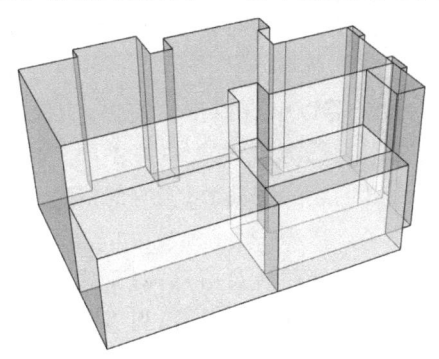

图 3-3 单个三维建筑产权体透明的显示效果

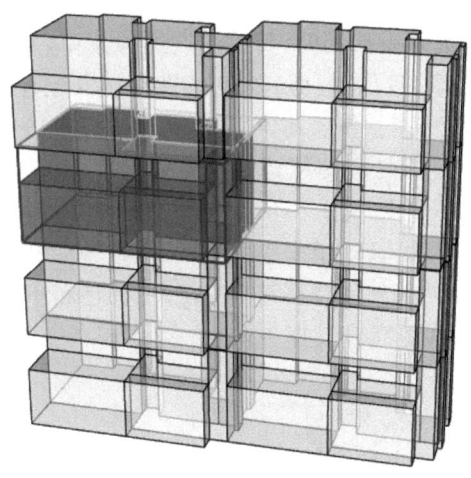

图 3-4 选中三维建筑产权体不透明的显示效果

3.4 基于 BIM 与 3DGIS 结合的古建筑数字化保护

3.4.1 基于 BIM 的古建筑信息化保护

近年来,BIM 技术不断发展,在实际运用中的功能进一步呈现出来。在古建筑、传统遗产保护方面,BIM 技术功不可没,为人们带来全新的可行方法,在城市规划建设与传统建筑保护中找到平衡点。具体而言,需要利用 BIM 技术,基于传统建筑保护的实际需求,做好一系列数字化保护工作。BIM 技术注重从整体出发,所以其对传统建筑的保护建立在相应数据模型信息基础上,随后分析传统建筑全生命周期的内容,明确其属性信息,再针对性分析后决定后续采取的保护措施。

对于传统建筑保护工作来说,最重要的任务是增加古建筑的存在时间,发挥更大的著作化价值。做好新时期信息化保护工作主要包括以下内容:

(1)构建信息化模型。基于实际情况,创建相应信息模型是必备第一步。这需要评估保护工作的具体内容和研究各个阶段内容数据,并对信息格式、编码处理等问题一一明确。对丰富多样的古建筑信息进行充分透析,同时转移到模型中。最后创建模型,需要考虑各方实际应用标准。

(2)协同开发平台。平台设计需以信息模型为前提,为保障各个参与主体都能够在早期就介入保护工作,方便彼此之间交流沟通,需要做好不同工作环节、工作模块的连接工作,提升对资源的统一调度能力,通过创建一个高效、实时的信息平台,更好地协调各方,实现数据信息的充分共享。

信息模型承载各类数据,应妥善保存涉及信息;对于模型管理,借助图形数据库完成这个任务。在共享传输方面,通过创建数据信息平台,利用服务器端就可以响应,方便迅速,并将保护工作中的各项数据存储在著作档中,用户可以随时查找和使用。

3.4.2 基于 BIM 与 3DGIS 融合的古建筑数字化保护

3DGIS 与 BIM 的内在原理是相同的,其关注点都是数据,不过看待和处理数据信息的立场不同[37]。前者更多关注宏观层面,而后者更多关注微观层面,正因为二者的差异,所以充分融合才能具有更强大的功能。传统建筑 BIM 和 3DGIS 充分结合,可以将 BIM 信息置身于一个更大的环境中,在分析处理传统建筑信息时具有更强大的功能。在未来发展中,3DGIS 与 BIM 结合有望发挥更大功用。

在实用性设计上,3DGIS 为 BIM 带来空间查询、三维分析等多种成熟功能;可以十分便捷地进行 BIM 坐标转换;BIM 和外部数据高效匹配;大环境和小区域深入结合;等等。这些功能布局完善,使 3DGIS 的优势充分发挥出来,并赋予 BIM 更多的实用优越性,进而实现更全面的功能应用。

3.5 地下管网剖面分析算法

该算法主要是用来分析剖面与管网的空间分布关系,所进行的分析工作包括横剖面、纵剖面两个部分,本节分别阐述。

3.5.1 横剖面分析算法

更确切地说,管线的横剖面是指对特定管线作纵向竖直剖面,不过在真实的运用场景中,难以满足完全竖直标准[38]。所以通常来说,横剖面即为某个空间,设定为横剖面线,与之相交线段有多条,可能不一定构成 $90°$。该线段竖直面即横剖面。结合分析图来呈现管线在横剖面上的具体分布状态和位置关系,也可以查询不同管线的尺寸等内容。

分析横剖面过程中,重点是要获取横剖面上管线断点及其所在管线的相关信息。

图 3-5 给出了相应示意图,左侧为俯视图,Q_1、Q_2 代表其中横剖面线的两个端点,俯视图中其他部分为管线,A_1、A_2 为横剖面线与管线形成的交点。二维侧视图中线 N_1N_2 属于管线

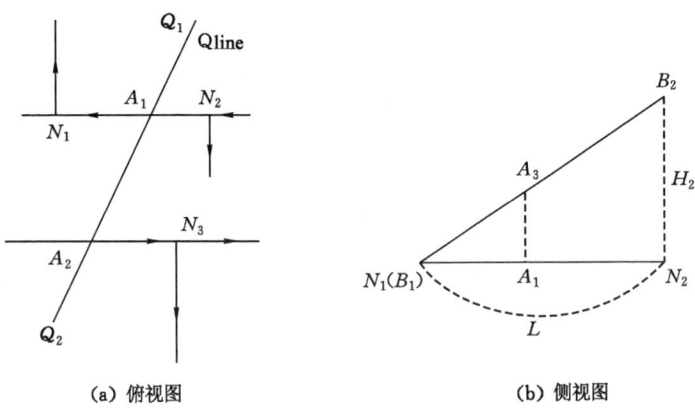

图 3-5 横剖面分析示意图

B_1B_2 在一定方位形成的投影，A_3 为 A_1 的真实坐标位置。下面以 N_1N_2 段管线为案例，对算法进行具体阐述和讲解。

（1）获得点 A_1 位置分布 (X_{A_1}, Y_{A_1})。A_1 代表面线与管线的相交位置，借助 GIS 中相交关系，进而掌握点 A_1 的坐标，同时保存为 (X_{A_1}, Y_{A_1})。

（2）运算点 A_1 在剖面图上的横坐标。设定比例系数为 K_x，按照点 Q_1、A_1 坐标分析获得 Q_1A_1 长度，点 A_1 横坐标描述成：

$$A_x = \frac{L_{Q_1A_1}}{K_x} \tag{3-4}$$

（3）保存点 A_1 所对应管线数据，含起点位置 (X_{N_1}, Y_{N_1})、高程数值 Z_{N_1}、终点位置 (X_{N_2}, Y_{N_2})、相应高程数据 Z_{N_2}、管径尺寸 R、管线形式 PType。计算点 A_1 高程 Z_{A_1}。具体表示为：

$$Z_{A_1} = \frac{Z_{N_1} + \sqrt{(X_{N_1} - X_{A_1})^2 + (Y_{N_1} - Y_{A_1})^2}}{\sqrt{(X_{N_1} - X_{N_2})^2 + (Y_{N_1} - Y_{N_2})^2}} \cdot (Z_{B_2} - Z_{N_1}) \tag{3-5}$$

（4）计算点 A_1 在剖面图上的纵向坐标分布。K_y 代表相应比例系数，此时计算公式为：

$$A_Y = \frac{Z_{A_3}}{K_y} \tag{3-6}$$

3.5.2 纵剖面分析算法

通常而言，纵剖面即在空间中，用户顺着特点线路的一段或者多段的趋势情况，从而画线，将其设定为纵剖面线，其对应的竖直面就是纵剖面，再将周边管段投影到面上，获得所需的分析图[39]。结合分析图呈现不同管段在相应纵剖面上的分布与走向情况。同时也可以体现出不同管段的尺寸等参数信息，给用户带来所需要的数据。

图 3-6 为纵剖面分析的俯视图，Q_1、Q_2 代表 Qline 两个端点位置，N_1N_2 和 N_2N_3 是管线的两个部分，B_1B_2 和 B_3B_4 分别对应 Qline 上 Q_1、Q_2 点的垂线，同时在 F_1、F_2 两个位置相交，此时在平面图上 Q_1、Q_2、D_1 各自对应为 F_1、F_2、N_2 在 Qline 方面的投影点。之所以进行纵剖面分析，其主要任务是运算得到 Q_1、Q_2、D_1 的横向、纵向偏移数值，进而运算得到各个端点位置的纵、横坐标，为接下来的绘图提供帮助。下面以图 3-6 为例具体说明。

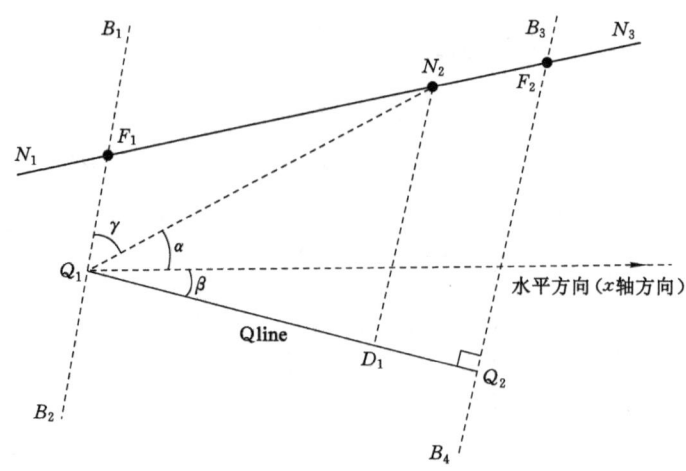

图 3-6　纵剖面分析俯视示意图

（1）将 2 个端点设定为垂足，作出两条和纵剖面保持 90° 的线。因为 B_1B_2 是辅助线，具体长度并不知道，考虑方便计算和真实需求，设定 B_1B_2 为 100 m，同时再进行平均分配。换言之，纵剖面分析仅对其中的 50 m 进行，所以需要保证选择的管线和面之间距离不超过 50 m。先根据 Q_1、Q_2 位置运算得到 β，分析后 γ 角度为 $90°-\beta$，随后结合公式计算得到 B_1、B_2 相对于 Q_1 的偏移情况，进而计算得到 B_1、B_2 的位置，最后基于 B_1、B_2 坐标绘制 B_1B_2，相应完成 B_3B_4 的处理。

（2）生成管线端点集合。首先根据拓扑关系，基于一定顺序进行排列，同时妥善存放在 VL 中。随后对全部端点根据既定顺序保存在 VP 二维数组中。其中，一根线对应 2 个端点。经过分别研究 VL 数组中线的属性信息与端点的空间信息，将各个端点的坐标等参数保存到 VP 数组中。不过一些特殊情况下，VP 数组的第一个和最后一个端点并非在分析范围内，如图 3-6 所示 N_1 和 N_3，此时需要计算得到 F_1 和 F_2 的数据，从而完成替换。具体而言，需要借助线线相交的知识来掌握 F_1、F_2 的位置信息，并根据式（3-5）进行计算，获取高程值，并标记。

（3）纵剖面各类参数计算。计算不同端点在纵剖面中相较于原点（0，0）的偏移值。根据端点分布差异，划分成外部 F_1，F_2 与内部点 N_2 两种情形。

① F_1 和 F_2 的投影点

a. 水平偏移值问题：Q_1 水平坐标为 0，Q_2 代表面线的长度 $L_{Q_1Q_2}$。

b. 纵向偏移值问题：F_1 和 F_2 所出现偏移值各自对应 VP 数组中最开始和最远端两个位置高程值。

c. 端点和纵剖面间隔问题：基于俯视图中 F_1、Q_1 的位置分布，进而计算得到 F_1 的投影情况，基于 F_2、Q_2 的位置，计算掌握 F_2 的投影间隔。

② N_2 的投影计算

a. 水平偏移值问题：根据 $N_1 \to N_2 \to N_3$ 先后次序相应计算其中的角度与长度。这里以 N_2 为例，第一步计算得到 Q_1N_2 与 X 形成的角度 α。进而掌握和 Qline 构成的角度为 $|\alpha\pm\beta|$。随后基于 VP 数组中 N_2 的位置分布与 Q_1 的位置情况，这样就能够计算得到 Q_1N_2 的长度 $L_{Q_1N_2}$，最

后结合三角定理计算得到 $L_{Q_1 D_1}$，此时就可以获得所要求的水平偏移值。

b. 纵向偏移值问题：此时具体数值代表 VP 数组中 N_2 对应点的高程。

c. 管线端点距纵剖面问题：结合横向偏移值计算分析和简单几何知识就可以计算得到点 N_2 投影距离，对应图中 $L_{N_2 D_1}$。

计算实际剖面图各位置坐标。设定相应比例系数为 K_x、K_y，计算不同位置点在剖面图中的真实坐标，此时的过程与 3.5.1 中的纵、横坐标分析处理基本一致。

4 历史建筑的多源数据获取

4.1 阜新市历史建筑现状分析

本书以阜新市 12 个历史建筑(新邱火车站、西山神社、西山水塔、校园中心、体育场、平安俄式建筑、煤城路日式建筑、西山宾馆、南桐楼、化工厂、制酒一厂、阜矿宾馆)为研究对象。历史建筑的结构特点、空间分布是决定数据采集计划的重点。阜新市 12 个历史建筑分为两个部分,一部分为中华人民共和国成立以前的建筑,如西山神社、西山水塔等。另一部分为中华人民共和国成立初期的建筑,如校园中心、体育场等,它们见证了阜新市的发展。

阜新市历史建筑主要分布在城区,多数为单一的建筑。由于各个建筑的功能不同,结构也不尽相同。如西山水塔为十棱圆柱形,主要建筑材质为钢筋混凝土,高 47 m,内部直径为 16.3 m。水塔内部有旋式扶梯。在空间上,西山水塔所在区域为公园,周围建筑物距离水塔均有一定的距离,在水塔正门处有树冠,距楼体较近,如图 4-1 所示。西山神社为庙宇式平房,有鸟居标志。材质为水泥与木,铁板拱形屋顶。在空间上,西山神社位于阜新市歌舞剧团北侧,西山电视塔旁,该电视塔在周围环境中是最高的建筑,并且神社周围房屋众多,有的房屋甚至紧贴西山神社而建,如图 4-2 所示。

图 4-1 西山水塔现状图

基于现状,构建的模型既要保留历史建筑带有历史痕迹的高清表面纹理,也要体现历史建筑独特的建筑结构。多种摄影方式结合空地一体化构建的实景模型在纹理和精度上优于传统倾斜摄影测量制作的实景模型,但是在可视化方面仅可以展示建筑物的表面纹理,对建筑物内部和结构的表达并不理想,而 BIM 模型可以很好地弥补这个方面。

利用 Revit 软件构建三维仿真模型的本质是按照建筑物实际的尺寸、材质、形状在计算

图 4-2　西山神社现状

机中构建虚拟仿真模型的过程。传统的 Revit 软件建立 BIM 模型需要按照建筑施工图或设计图中的具体参数来构建模型。而对于历史建筑来讲,建筑初期的图纸收集存在困难,随着周围的改建,历史建筑或多或少会受到损伤,从而影响整体的建筑结构。对于一些特别的历史建筑来讲,建筑主体的损伤本身就是历史的见证。如何快速、方便地获取建筑物的几何、尺寸信息成为建立历史建筑 BIM 模型中的"软肋"。随着激光雷达的发展,获取到的点云数据精确记录了建筑物的几何、尺寸信息,而以点云作为参考来制作 BIM 模型成为一个新的解决方案。

4.2　影像数据采集

本书以西山水塔为例,探究空地一体化模型的构建方法。空地一体化是建立具有精细化纹理模型的过程,通过近地面的贴近摄影测量与空中的倾斜摄影测量相结合,产出具有真实地理坐标的纹理精细化模型。空地一体化整体上可以分为飞行前准备阶段、数据采集阶段、数据处理阶段三个阶段(图 4-3)。

4.2.1　测区实地勘察初步确定飞行计划

接到飞行任务后的第一件事是现场勘察,确定作业范围、目标测区分布情况、测区地貌特征等,并根据古建筑周围的地貌特征确定飞行方式。当建筑物贴近区域遮挡较多时,贴近摄影测量中的航线规划就需要进行相应的改变,当遮挡物距离建筑物楼体较近时需要人工操纵无人机或手持无人机进行拍摄,以补全遮挡区域纹理特征。西山水塔的大门周围存在树冠遮挡现象,进行贴近摄影测量航线规划时应尽量避开此区域,以保证飞行的安全性,在自动飞行结束后,人工操作无人机对这一片区域进行补拍。

勘测完地形后,对飞行任务进行规划,选择晴朗的天气,大概在中午一点左右进行作业,确定时间后需要向当地民航局进行空域申请。最终根据空域申请结果修改航飞计划,并准备好各种仪器。

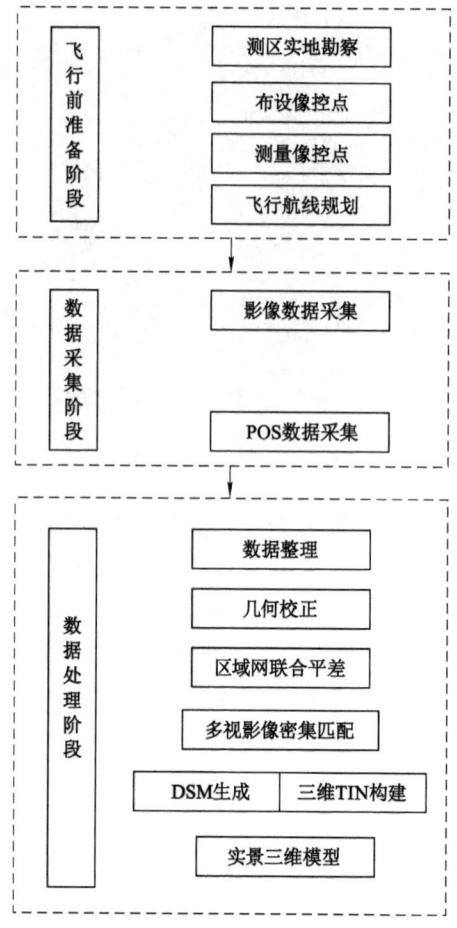

图 4-3　空地一体化整体工作流程图

4.2.2　布设并测量像控点

像控点的布设原则是在区域内均匀布设和按照需要的模型精度控制像控点间距,同时考虑结合实际地形。本次实验由于近地面贴近摄影测量的拍摄距离较近,常规空旷地区布设像控点的方式可能会造成大部分贴近相片范围内无像控点,因此本次实验使用的像控点均在靠近建筑物的地面上布设,或者采用建筑物表面的特征点。图 4-4(a)为西山水塔像控点分布图,图 4-4(b)为新邱火车站像控点分布图。

像控点测量采用的是实时动态载波相位差分技术,其观测模型如式(4-1)所示。

$$\alpha = \rho + c(d_T - d_t) + \gamma N + d_{trop} - d_{ion} + d_{preal} + \varepsilon(\phi)　　　　　(4-1)$$

式中　α——相位测量值;

　　　ρ——星站与星站之间的距离;

　　　c——光速;

　　　d_T, d_t——接收机钟差和卫星钟差;

　　　γ, N——载波相位中载波的波长和整周未知数。

本次采用千寻 CORS 网络 RTK 对各个像控点进行测量和拍摄记录,像控点远近景相

(a)　　　　　　　　　　　　　　　　(b)

图 4-4　控制点布设图

片如图 4-5 所示,其中图 4-5(a)为远景相片,图 4-5(b)为近景相片,以方便内业刺点工作。为保证精度,每个像控点需要 3 个测回,每个测回平滑 15 次,删除差别较大的值后计算平均值作为最终的结果。部分像控点坐标见表 4-1,本次历史建筑的坐标系根据《指南》采用 2000 国家大地坐标系和 1985 国家高程基准。

(a)　　　　　　　　　　　　　　　　(b)

图 4-5　像控点测量远近景相片

表 4-1　地面像控点数据　　　　　　　　　　　　　　单位:m

控制点名称	X 轴坐标	Y 轴坐标	高程
ST1	* * * * * * * * .056	* * * * * * * .119	156.790
ST2	* * * * * * * * .627	* * * * * * * .215	156.594
ST3	* * * * * * * * .441	* * * * * * * .129	156.490
ST4	* * * * * * * * .013	* * * * * * * .100	156.717
ST5	* * * * * * * * .736	* * * * * * * .770	156.832
HCZ1	* * * * * * * * .311	* * * * * * * .799	184.908
HCZ2	* * * * * * * * .858	* * * * * * * .134	184.319

表 4-1（续）

控制点名称	X 轴坐标	Y 轴坐标	高程
HCZ3	＊＊＊＊＊＊＊.520	＊＊＊＊＊＊.211	184.256
HCZ4	＊＊＊＊＊＊＊.118	＊＊＊＊＊＊.171	184.141
HCZ5	＊＊＊＊＊＊＊.754	＊＊＊＊＊＊.880	184.087

4.2.3 飞行航线规划

飞行前的航线规划根据不同的飞机挂载，一般来说五镜头的飞机按照"弓"字形飞行，单镜头的飞机按照"井"字形飞行。同时航线规划还要根据实际地形确定是否选择仿地飞行。本次飞行全程使用大疆 Phantom4 RTK 无人机，在进行常规无人机倾斜摄影测量时，根据周边地区的建筑高度采用较低的飞行高度来进行采集，以尽可能达到更高的精度要求。以西山水塔为例，设计航飞路线规划方案见表 4-2。

表 4-2　航飞路线规划方案参数

航飞路线规划项目	参数
航高/m	70
GSD/m	0.019
飞行速度/(m/s)	8
相片尺寸比	3∶2
航向重叠度	80%
旁向重叠度	80%
云台倾斜角/(°)	60
飞行方式	"井"字形

注：GSD 为地面采样距离。

贴近摄影测量的航线规划需要用到大疆无人机的斜面航线的功能，大疆精灵 Phantom4 RTK 无人机的斜面航线规划功能需要以无人机空中定位 A、B、C 三点确定飞行平面，在以建筑物底部两端对应的平行面中设定 A、B 两点，在以建筑物顶端对应的平行面中设定 C 点，在确定的飞行平面中保持"弓"字形飞行，设置重叠度为 80%。在建筑物每一个面进行斜面飞行后，在面与面的棱角处添加补拍航线。

4.2.4 采集数据

以西山水塔为例，塔身高 47 m，以 70 m 航高对水塔进行"井"字形倾斜摄影测量。航向和旁向重叠度设置为 80%，高重叠度更有利于模型纹理的获取（图 4-6）。

贴近摄影测量是一种点对面的摄影测量方式，因为西山水塔具有 10 个切面的圆柱形水塔建筑，因此采用上下飞行的航线，以水塔的 10 个切面的平行面作为飞行平面来进行航线设置，相邻两条航线的重叠度需要不小于 65%。无人机的拍摄模型如图 4-7 所示。

图 4-7 中 A_1 和 A_2 分别为进行垂直于地面的航线作业时相邻两次获取目标影像的瞬时位

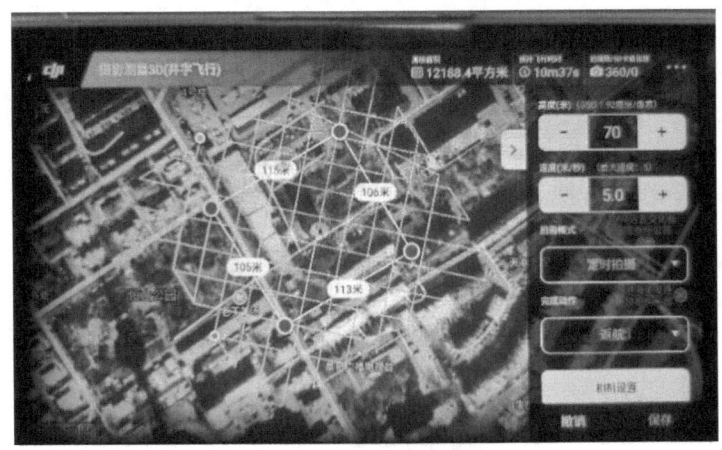

图 4-6 倾斜摄影测量航线规划图

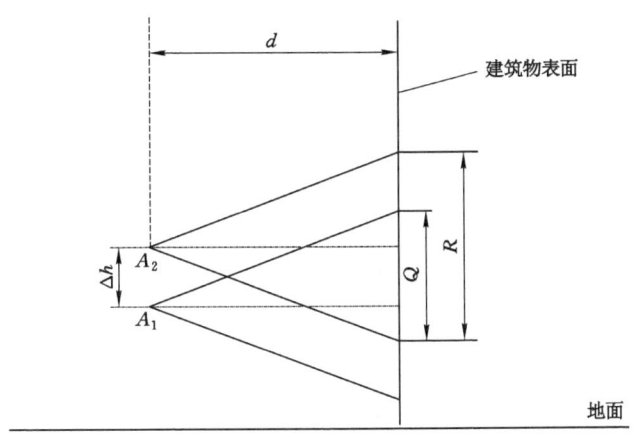

图 4-7 贴近摄影测量无人机立面拍摄模型示意图

置,Q 为相邻两张相片的重叠部分,R 为单张相片的拍摄范围,相邻相片的重叠度 L 的计算公式为:

$$L = \frac{Q}{R} \times 100\% \tag{4-2}$$

在无人机贴近摄影测量相对于目标建筑物的距离确定中,首先要确定目的是得到毫米级精度的纹理信息,因此由图 4-8 所示无人机拍摄模型可知:

$$\begin{cases} \dfrac{a}{\text{GSD}} = \dfrac{f}{h} \\ a = \dfrac{L_s}{L} \end{cases} \tag{4-3}$$

由式(4-3)可计算传感器距摄影物体的距离与地面采样间距的关系式:

$$h = \text{GSD} \cdot f \cdot \frac{L}{L_s} \tag{4-4}$$

式中 h——无人机搭载传感器与摄影目标之间的距离;

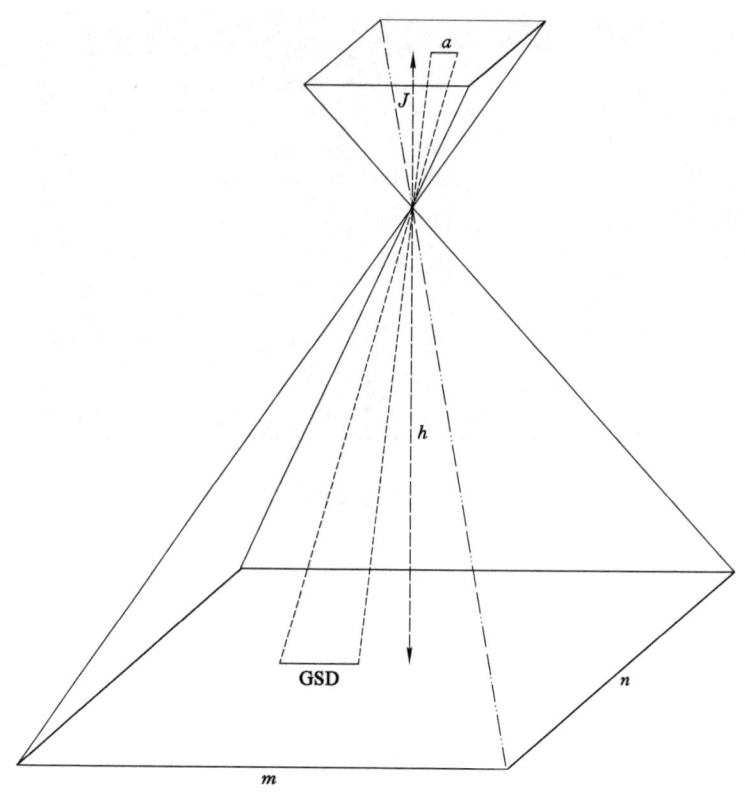

图 4-8　无人机拍摄模型

GSD——地面采样距离（地面分辨率）；

f——数码相机的焦距，取 0.035 m；

L——图像的长度（5 472 Px）；

L_s——传感器尺寸，取 0.025 4 m。

当希望拍摄物体分辨率为 1 mm 时，将无人机搭载的相机参数代入式（4-4）可算出：

$$h = 0.001 \times 0.035 \times \frac{5\,472}{0.025\,4} = 7.54\,(\mathrm{m}) \tag{4-5}$$

即在分辨率为 1 mm 的精细化建模中，手动控制无人机对建筑物的拍摄距离需小于 7.54 m。因此在贴近摄影测量中，保持 7 m 左右的拍摄距离理论上可以达到毫米级的纹理分辨率。

贴近摄影测量后需要对结构复杂处贴近补拍，以补全精细纹理，防止模型出现部分纹理模糊的情况，图 4-9（a）为补拍时飞机遥控器显示屏中的画面，图 4-9（b）为飞机所在位置。

4.2.5　数据预处理

采集到的数据一般不能直接被数据处理软件所认可，因此需要对获取到的数据进行整理，使其能够被专业软件所识别。对于大疆精灵 Phantom4 RTK 来讲，数据处理比较简单，由于其相片的 POS 信息均内置在相片中，在软件对相片导入的过程中，会直接读取其 POS

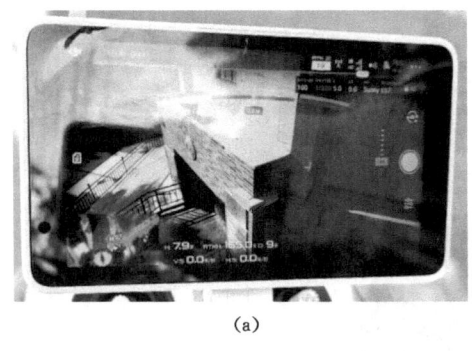 

(a)	(b)

图 4-9 外业采集数据过程中对结构角落处补拍

信息;对于其他无人机数据,需要对相片的名称进行处理,使相片名称与 POS 信息可以一一对应,以便于软件识别。

另外,获取到的影像会由于光线的强弱,产生影像之间的亮度变化。在贴近摄影测量中,由于摄像机与目标之间的距离相对更近,环境光照造成的影响会更大,因此需要对影像进行匀光匀色。在常见匀光匀色处理方法中,基于 Wallis 的匀光是对局部区域进行影像的变换,相对于其他方法有更好的处理效果和效率[55]。Wallis 滤波的线性表达式为:

$$h(x,y) = \left[l(x,y) - m_a \right] \frac{cs_b}{cs_a + s_b/c} + bm_b + (1-b)m_a \qquad (4\text{-}6)$$

式中　$l(x,y)$, $h(x,y)$ ——变换前后影像的灰度值;

　　　m_a, m_b ——原始影像变换前后局部窗口范围内的灰度平均值;

　　　s_a, s_b ——进行滤波前后的灰度标准差;

　　　$b \in [0,1]$, $c \in [0,1]$ ——亮度系数和影像方差扩张常数。

4.3　点云数据采集

BIM 模型的逆向构建采用点云辅助进行。空地一体化模型构建过程中也可以产出点云数据,但是在精度方面无法与激光雷达所获取到的点云精度相比。因此本次采用激光雷达获取点云数据。传统的架站式雷达在获取数据效率方面存在缺陷,本书采用地面 SLAM 激光测绘仪器扫描,建筑物顶部采用飞马 D2000 无人机搭载 D-Lidar2000 激光雷达模块获取目标建筑物的点云,最终利用标靶对点云数据进行融合配准、预处理等操作,获取可进行辅助 BIM 构建的点云数据。

4.3.1　仪器介绍

(1) 地面设备

采用背包式 RTK-SLAM 激光全景测绘机器人(图 4-10)对激光雷达获取到的数据在地面上进行测绘,该测绘机器人搭载 2 100 万像素的全景相机,在数据获取效率上具有极高的优势,可通过将雷达固定在背包架上自动朝向后方扫描,由于加配 RTK 功能模块,可自动获取控制点转换坐标。

图 4-10　背包式 RTK-SLAM 激光雷达设备

（2）机载 Lidar 设备

本次空中无人机机载雷达获取数据使用的是飞马机器人有限公司的 D2000 无人机搭载 D-Lidar2000 模块（图 4-11）。该激光雷达水平视场角为 70.4°，垂直视场角为 4.5°/77.2°，波长为 905 nm。

图 4-11　飞马机器人有限公司生产的 D2000 无人机搭载 D-Lidar2000 模块

4.3.2　数据获取流程

由于本次采用多源数据融合，考虑到不同数据源的坐标系统的一致性，采用 RTK 野外测量的方式获取标靶中心点的空间坐标作为基准。采集标准和 4.2.2 中像控点的测量方式相同。

（1）地面数据获取流程

SLAM 激光全景机器人数据流程比较简单,一般分为六个部分,如图 4-12 所示。

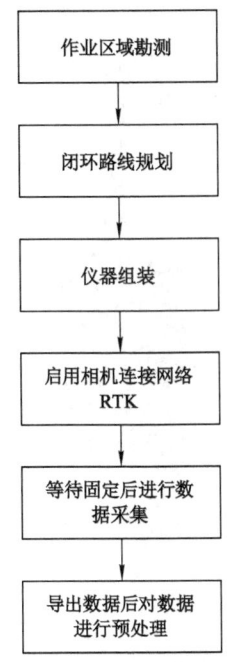

图 4-12　SLAM 获取数据流程图

在任何测量中,前期作业区域勘测都是必不可少的,从作业区域勘测中获取数据采集的闭环路线,并选择合适的天气进行外业数据采集工作。

本次测量采用北京欧思徕生产的 RTK-SLAM 激光全景测绘机器人,该仪器具有设备安装简单的特点。仪器组装的本质是将激光雷达、仪器主机、天线、电池等设备集成到背包架上的工作(图 4-13)。

图 4-13　仪器组装时线路连接方式

组装完成的仪器如图 4-14 所示。

组装完成的设备通过手机连接设备进行操作,该设备使用手机控制,并不需要下载 APP,仅连接设备 wifi,通过访问 Web 端地址即可进行仪器操作,图 4-15 为采集功能界面。

由于 SLAM 算法的本质是依赖周围环境的有效特征(即静态物体)来进行重建三维点

图 4-14 组装完成后的仪器

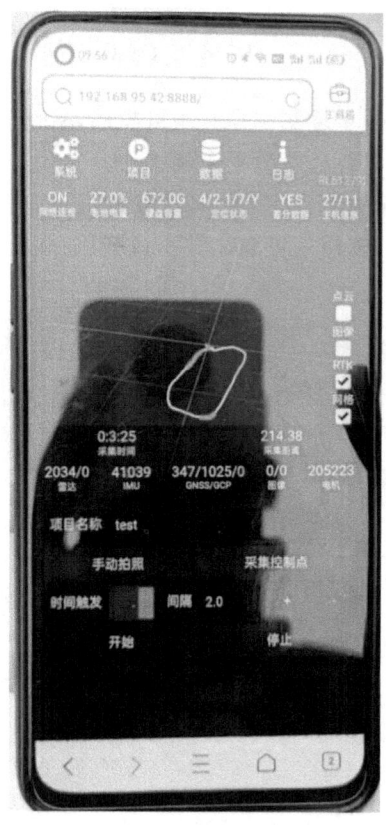

图 4-15 数据采集界面

云,因此数据采集过程中一般要尽量避免周围有移动物体。对于扫描中碰到移动的物体,如车辆、人群等,可转动设备朝向来进行规避,等待移动物体走远到 20 m 以上后再恢复设备朝向正常采集,这样就可以更好地提高数据的精度。

　　进行采集时,闭环的采集路线也是提高设备精度的重要手段,一般的闭环为圆形闭环,目的是从不同方向进入同一地点,且闭环的重叠距离应大于 15 m,如图 4-16 所示。

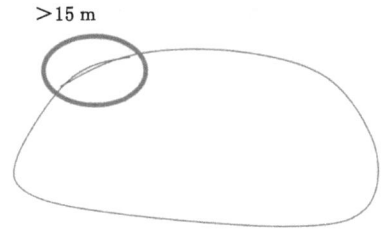

图 4-16　闭环路线示意图

　　机载 Lidar 获取点云数据流程与倾斜摄影测量类似,其主要流程分为航线规划、无人机航飞等。其中航线规划采用"弓"字形航线,航高设置为 70 m,重叠度为 50%。具体航线规划情况如图 4-17 所示。

图 4-17　航线规划图

　　对于复杂地形来讲,作业前需要先对地形进行 DEM 扫描,以确定飞行平面与地面之间的距离,从而控制精度(图 4-18)。

图 4-18　机载雷达工作时的地面站

获取到的数据著作件包括无人机机载 POS 著作件、载荷 DATA 著作件和载荷 IMU 著作件,在获取无人机数据后需要进行严格解密步骤。

解密步骤主要通过飞马无人机管家及 Inertial Explorer(GPS-IMU)后处理软件进行,主要步骤如图 4-19 所示。

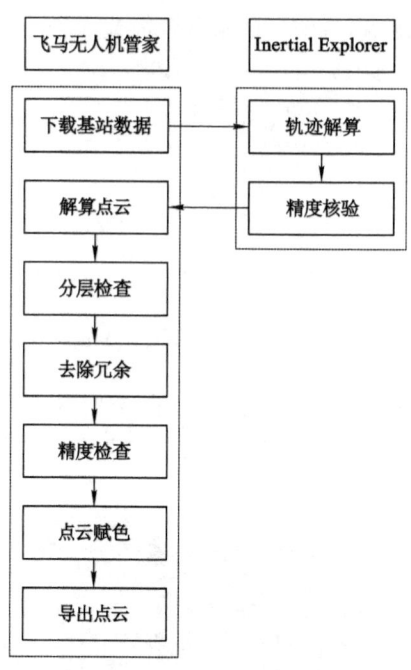

图 4-19　点云获取流程

4.3.3　点云数据预处理

处理获取的数据需要用到与仪器配套的 OmniSLAM Mapper 软件(图 4-20),该软件可以将收集到的原始数据进行自动化处理,如去噪、滤波等。

图 4-20　OmniSLAM Mapper 软件主界面

通过该软件的点云赋色功能,将点云与相机获取到的色彩进行赋色处理,以更方便地对点云数据进行解译判读。

对于坐标系问题,通过选择采集坐标和目标坐标,选择相应的七参数进行坐标转换,以达到统一坐标系的目的(图 4-21)。

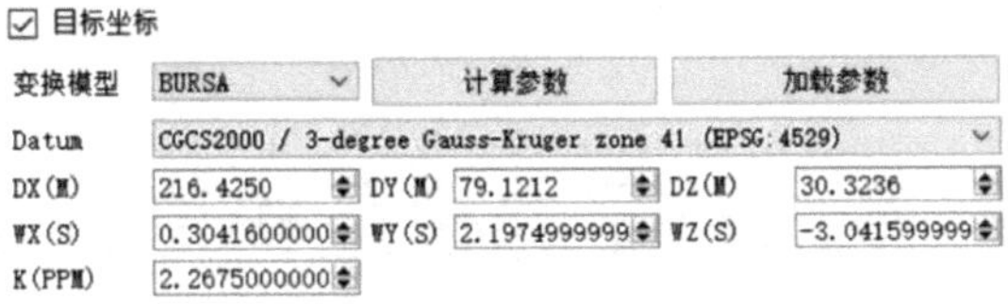

☑ 目标坐标			
变换模型	BURSA ∨	计算参数	加载参数
Datum	CGCS2000 / 3-degree Gauss-Kruger zone 41 (EPSG:4529)		∨
DX(M)	216.4250 ⬍	DY(M) 79.1212 ⬍	DZ(M) 30.3236 ⬍
WX(S)	0.3041600000 ⬍	WY(S) 2.1974999999 ⬍	WZ(S) -3.041599999⬍
K(PPM)	2.2675000000 ⬍		

图 4-21　转换坐标系统

4.3.4　点云数据修整

以 4.3.2 中获取到的标靶中心点坐标作为空间基准,对采取两种方式获取到的点云数据进行罗德里格矩阵转换,完成坐标的统一融合。通过外业激光雷达获取到的点云数据,除了目标建筑外一般还包含其他建筑信息。因此得到融合后的点云成果之后还需要对成果进行修整,主要使用的软件为 Autodesk ReCap。该软件为点云数据与 Revit 软件之间建立一个桥梁,将两种点云数据导入该软件,可以对目标建筑物周围多余的点云数据进行裁剪,去除干扰数据,并输出建筑物完整点云数据(图 4-22、图 4-23)。

图 4-22　修整前的点云数据

图 4-23　修整后的点云数据

5 多源数据的模型构建方法

5.1 纹理精细化的实景三维模型构建相关技术研究

5.1.1 几何校正

传感器采集到的原始相片一般都存在几何畸变,需要通过一系列的数学模型来改正和消除几何畸变,使其达到建立实景三维模型的标准。要进行几何校正,首先要明确引起影像几何畸变的种类。进行畸变差的种类有以下两种。

(1) 径向畸变:一般是指机载传感器镜头的制造工艺导致光线在进入镜头时顺着透镜半径方向的变形。

径向畸变的改正数学模型如式(5-1)所示。

$$\begin{cases} \Delta x_r = (x - x_0)(k_1 r^2 + k_2 r^4 + k_3 r^6) \\ \Delta y_r = (y - y_0)(k_1 r^2 + k_2 r^4 + k_3 r^6) \end{cases} \tag{5-1}$$

式中,$r^2 = (x - x_0)^2 (y - y_0)^2$;$(x_0, y_0)$ 为像点的实际位置;(x, y) 为像点畸变后的位置。

(2) 切向畸变:是由于透镜不完全平行于图像平面而产生的,其产生的像点位移方向与径向畸变垂直。

切向畸变的改正模型如式(5-2)所示。

$$\begin{cases} x_1 = p_1 [r^2 + 2(x - x_0)^2] + 2p_2(x - x_0)(y - y_0) \\ y_1 = p_2 [r^2 + 2(y - y_0)^2] + 2p_1(x - x_0)(y - y_0) \end{cases} \tag{5-2}$$

式中,p_1, p_2 为切向畸变的参数。

无人机搭载的相机造成的畸变主要是由径向畸变、切向畸变造成的。通过对相机检查校准,就可获取相机内方位元素及镜头畸变参数,从而实现对影像畸变误差的改正。

5.1.2 POS 辅助区域网联合平差

GPS 是 POS 辅助光束法平差的重要组成部分。将 RTK 安装在无人机上,在飞行中获取摄影瞬间的无人机的坐标,将该坐标作为相机的位置信息初值加入空三解算。

影像的外方位元素需要通过对不同的影像在一定的区域内进行联合平差的解算并进行空三。区域网平差的所有方法中最常用的是光束法,该方法以共线方程为基础,将图像的像点位置作为平差的已知值,将光束(相片)作为平差单元来求解影像的外方位元素。

通过摄影瞬间的物点、摄影中心、相片三点构建共线模型,如图 5-1 所示。

可列出共线条件方程:

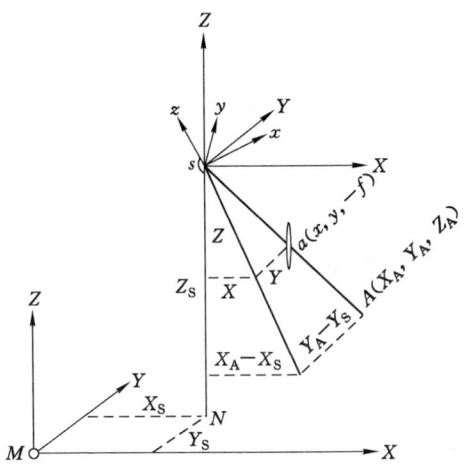

图 5-1   共线模型

$$\begin{cases} x - x_0 = -f\dfrac{a_1(X-X_S)+b_1(Y-Y_S)+c_1(Z-Z_S)}{a_3(X-X_S)+b_3(Y-Y_S)+c_3(Z-Z_S)} \\ y - y_0 = -f\dfrac{a_2(X-X_S)+b_2(Y-Y_S)+c_2(Z-Z_S)}{a_3(X-X_S)+b_3(Y-Y_S)+c_3(Z-Z_S)} \end{cases} \tag{5-3}$$

式中,(X_S,Y_S,Z_S) 为外方位线元素,对应的实际坐标为 (X,Y,Z)；f 为焦距；$a_i,b_i,c_i(i=1,2,3)$ 为外方位角元素。

在如今的无人机倾斜摄影测量中,一般将 POS 数据作为外方位元素的初始值和约束条件。平差计算后可以得到相片外方位元素和加密点的物方坐标[56]。

光束法平差计算的流程:

① 由 POS 数据给出每张相片的外方位元素的近似值和所有加密点地面坐标的近似值。

② 由加密点和控制点列出原始误差方程。

光束法的原始误差方程如下:

$$v = \begin{bmatrix} a_{11} & a_{12} & a_{13} & a_{14} & a_{15} & a_{16} \\ a_{21} & a_{22} & a_{23} & a_{24} & a_{25} & a_{26} \end{bmatrix}_{ij} \begin{bmatrix} \mathrm{d}X_S \\ \mathrm{d}Y_S \\ \mathrm{d}Z_S \\ \mathrm{d}\varphi \\ \mathrm{d}\omega \\ \mathrm{d}\kappa \end{bmatrix} + \begin{bmatrix} -a_{11} & -a_{12} & -a_{13} \\ -a_{21} & -a_{22} & -a_{23} \end{bmatrix} \begin{bmatrix} \mathrm{d}X \\ \mathrm{d}Y \\ \mathrm{d}Z \end{bmatrix} - \begin{bmatrix} l_x \\ l_y \end{bmatrix}$$

$$\tag{5-4}$$

矩阵形式如式(5-5)所示。

$$A_{ij}\Delta_j + B_{ij}\dot{\Delta}_i - l_{ij} = v_{ij} \tag{5-5}$$

式中 i——点的序号；

j——相片序号。

③ 在最小二乘条件下整体平差,确定每张相片的外方位元素近似值的改正数和每个加

密点的地面坐标近似值的改正数。

　④ 利用改正数来修正坐标。

　⑤ 重复步骤②~④,进行迭代解算,求出各相片的外方位元素以及加密点的地面坐标。

5.1.3　多视影像密集匹配技术和 TIN 网构建

平差获取影像精确的内外方位元素后,需要进行多视影像间逐个像元的密集匹配,来获取超高密度的点云数据。而空三解算生成的连接点和对应的密集点匹配算法是必需的。该过程是从二维的相片和 POS 数据到可视化的三维数据的重要过程。该过程的实质是匹配影像之前的同名点,利用特征提取来进行同名点匹配,过滤影像的冗余信息后,根据同名点坐标生成超高密度的三维点云数据[57]。

目前密集匹配算法的步骤是:

　① 利用运动恢复结构算法(SFM)[58]得到影像的外方位元素。

　② 多视图聚簇算法(CMVS)对步骤①的结果进行聚簇分类。

　③ 利用密集匹配算法(PMVS)对步骤②的结果进行密集匹配获得高密度点云。

通过影像密集匹配获取到的三维点云数据构建不同层次的不规则三角网格(triangulated irregular network,TIN)模型,其结构及密度与真实地物的结构有关。三维 TIN 网格构建过程中使用规则网格法会造成数据冗余,用其表示数字高程模型可以有效降低数据的冗余。利用采样点的离散程度,以优化组合方法将离散点连接形成连续的三角网。

5.1.4　纹理映射技术

纹理映射的本质是通过建立二维空间点到三维空间点的对应关系,然后将相应颜色映射到三维物体表面来获得具有真实纹理的三维模型的效果。

纹理映射方法一般分为正向映射、逆向映射及两步纹理映射,前两种方法的实质是纹理空间与屏幕空间的项目映射,正向映射是由纹理空间直接到屏幕空间的映射,而逆向映射是在屏幕空间中以仿射变换表示到纹理空间的映射关系。二者都具有计算简单的特点。而两步纹理映射的核心是寻找到一个合适的中间曲面,先将纹理映射到中间曲面上,再由中间曲面映射到三维模型表面,很好地避免了在纹理映射过程中物体表面的重新参数化。

纹理映射的实现一般分为纹理获取、定义纹理映射函数、利用映射函数实现二维纹理到三维实体的转换和反走样处理四个步骤,如图 5-2 所示。

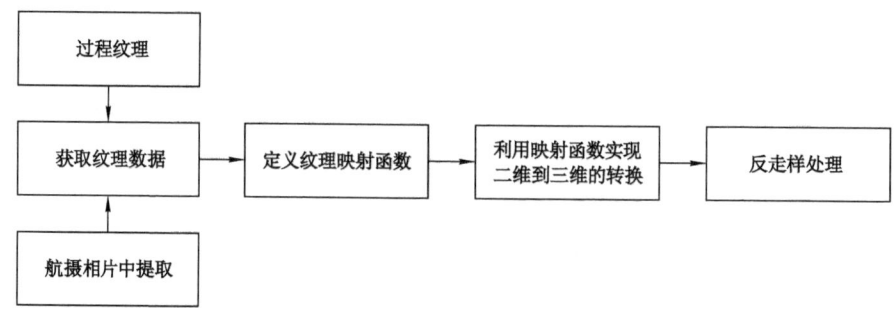

图 5-2　纹理映射步骤

5.2 空地融合构建纹理精细化实景三维模型

5.2.1 纹理精细化实景三维模型构建

本次空地融合实验采用 ContextCapture Center 软件进行空三计算和模型输出。该软件具有自动化程度高、多 GPU 协同模型构建等优点,可在极大程度上提高建模效率。

将进行预处理后的相片和 POS 数据导入软件中之后需要设置好相机的焦距、传感器尺寸、坐标系等参数,这些参数的设置直接影响空三的精度。该软件进行空三计算的过程实际上是获取同名点的过程。为了保证空三的精度,在第一次空三成功后需要添加控制点。本次实验中在靠近历史建筑地区选择无高差、易分辨的特征点作为像控点。选择像控点远离边缘的清晰相片进行测点,通过平差计算获取空三的精度报告。图 5-3 为加入控制点后空三的质量报告。

Project:	shuitaccccc
Number of photos:	1944
Ground coverage:	182433.6 square meters
Average ground resolution:	4.25092 mm/pixel
Scale:	1 : 13
Camera model(s):	DJI FC6310R
Processing date:	2022/11/2 17:14
Processing time:	34min 15s
Quality Overview	
Dataset:	1939 of 1944 photos calibrated (100%)
Keypoints:	Median of 31379 keypoints per image
Tie points:	468871 points, with a median of 1682 points per photo.
Reprojection error (RMS):	0.56 pixels
Positioning / scaling:	Georeferenced using control points

图 5-3 空中三角测量质量报告

空三后的结果如图 5-4 所示。

 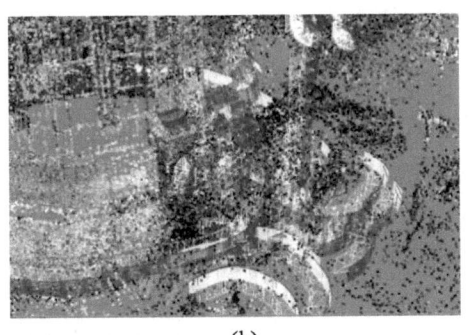

(a)   (b)

图 5-4 空中三角测量后的 3D 视图

在检查完空三后就可以进行模型的构建,采用 ContextCapture Center 软件建立模型时分为两个模块:控制端和引擎端。控制端是指软件的主界面,其主要作用是为模型构建任务记录并设置参数、提交分块任务并监控任务等。控制端不进行模型任务的处理。引擎端主要负责处理控制端分配的任务,由于引擎端可以有多个,在设备足够的情况下,在局域网内可进行多引擎同时处理不同模型区块,极大提高了模型构建的效率。

在实景模型构建过程中,纹理映射是展示"实景"的关键。自动纹理映射的出现替代了传统采集相片后对相片进行纹理提取后再进行映射这种费时费力的方式。由于无人机机载相机具有较高的分辨率,进行贴近摄影测量的拍摄距离较近,获取到的纹理细节程度也较高,通过 ContextCapture Center 软件中的自动纹理映射,可以很方便地以高分辨率纹理覆盖低分辨率纹理。图 5-5 为部分实景三维模型的细部纹理,其中图 5-5(a)为西山水塔,图 5-5(b)为校园中心,图 5-5(c)为新邱火车站。

(a)

(b)　　　　　　　　　　(c)

图 5-5　精细化纹理的模型细部展示

5.2.2　模型分析

空地一体化融合建模精度和质量受多种因素的影响,如像控点布设的密度、无人机搭载相机参数、无人机机载 RTK 精度、飞行天气等。本次模型分析分为两个部分:模型精度分析和模型质量分析。

(1)模型精度分析

模型实际精度采用人工现场实测的方式检验精度,通过外业实测检查点坐标与模型坐标进行对比分析,由于建筑物模型较小,选择靠近建筑物的地面特征点作为检查点,以像控点的测量方式进行检查点测量,在摄影测量系统中加载模型并多次量测检查点坐标,取平均值来降低人为因素干扰。误差统计见表 5-1。

表 5-1　误差统计

序号	检测点号	$\Delta X/\mathrm{cm}$	$\Delta Y/\mathrm{cm}$	$\Delta H/\mathrm{cm}$
ST1	JCD1	−2.9	−1.1	5.2
ST2	JCD2	−2.8	−1.4	2.4
ST3	JCD3	−1.4	−3.7	−3.1
ST4	JCD4	0.8	−2.1	−5.6
ST5	JCD5	−2.7	3.6	3.2
HCZ1	JCD6	0.2	−5.0	−0.8
HCZ2	JCD7	−2.4	2.9	−5.9
HCZ3	JCD8	−1.7	1.3	−2.1
HCZ4	JCD9	−7.9	−0.3	3.1
HCZ5	JCD10	2.8	0.9	−2.1

根据坐标差值列出点位中误差公式：

$$m_x = \sqrt{\left(\frac{1}{5}\sum_{i=1}^{5}\Delta x_i^2\right)} \tag{5-6}$$

$$m_y = \sqrt{\left(\frac{1}{5}\sum_{i=1}^{5}\Delta y_i^2\right)} \tag{5-7}$$

$$\sigma = \sqrt{(m_x^2 + m_y^2)} \tag{5-8}$$

$$m_z = \sqrt{\left(\frac{1}{5}\sum_{i=1}^{5}\Delta H_i^2\right)} \tag{5-9}$$

根据公式将误差值代入计算，西山水塔中 x 轴中误差为 2.62 cm，y 轴中误差为 2.62 cm，点位中误差为 3.48 cm，高程中误差为 3.86 cm。新邱火车站中 x 轴中误差为 3.97 cm，y 轴中误差为 2.32 cm，点位中误差为 5.60 cm，高程中误差为 2.94 cm。依据《三维地理信息模型数据产品规范》(CH/T 9015—2012)，优于 1∶500 地形图模型平面精度低于 0.3 m、高程精度低于 0.5 m 的要求。

(2) 模型质量分析

模型质量一般从点云数据、实景三维模型结构、纹理三个方面进行对比分析，通过对比发现，融合后的实景三维模型点云密集程度得到极大提高，实景三维模型结构更细腻。

由图 5-6 所示点云数据对比来看，经过空地一体化后生产的空三点云[图 5-6(b)]比单纯倾斜摄影测量生产的空三点云[图 5-6(a)]更密集，在有遮挡区域，空地一体化后的点云数据更丰富，可以完整表示被遮挡区域。

由图 5-7 对比来看：经过空地一体化后生产的模型[图 5-7(b)]的结构比空地一体化前的模型[图 5-7(a)]的结构更细腻，三角网更密集。

由图 5-8 对比来看：经过空地一体化后生产的白模[图 5-8(b)]表面比空地一体化前的白模[图 5-8(a)]表面更加平整，结构更加清晰。

由图 5-9 对比来看：经过空地一体化后的模型纹理[图 5-9(b)]比空地一体化前的模型纹理[图 5-9(a)]明显更加清晰。

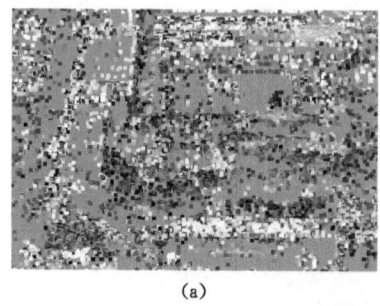
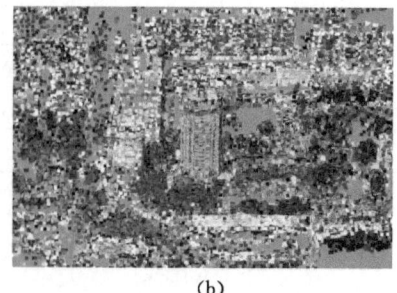

（a）   （b）

图 5-6　空地一体化前后空三加密点云数据对比

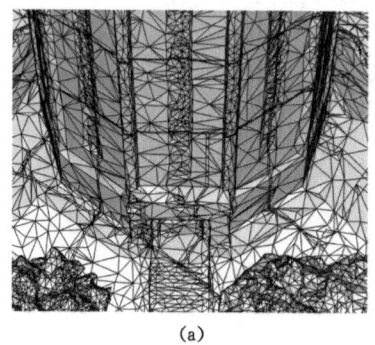
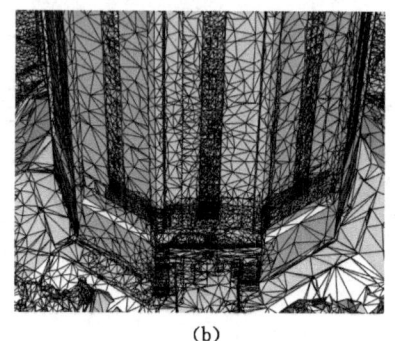

（a）   （b）

图 5-7　空地一体化前后三角网模型对比

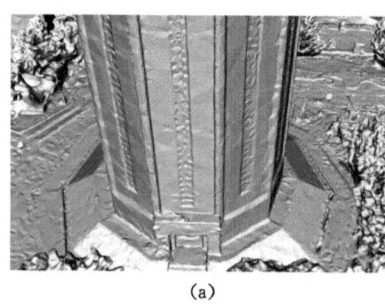

（a）   （b）

图 5-8　空地一体化前后白膜模型对比

（a）   （b）

图 5-9　空地一体化前后模型纹理对比

由以上对比可以看出:空地一体化建立的模型质量比常规倾斜摄影测量构建的实景三维模型质量更好。

5.3　点云辅助逆向构建 BIM 模型

Revit 软件是如今创建 BIM 模型应用最广泛的一款软件。它不仅可以记录建筑工程中的所有信息,还具有实时联动功能,修改一个地方,所有地方都会更新。Revit 通过建模可以对建筑物各部分进行分析,并且具有渲染和协同工作等功能,提高效率,精确辅助工程进行。

构建历史建筑 BIM 模型的流程如图 5-10 所示。

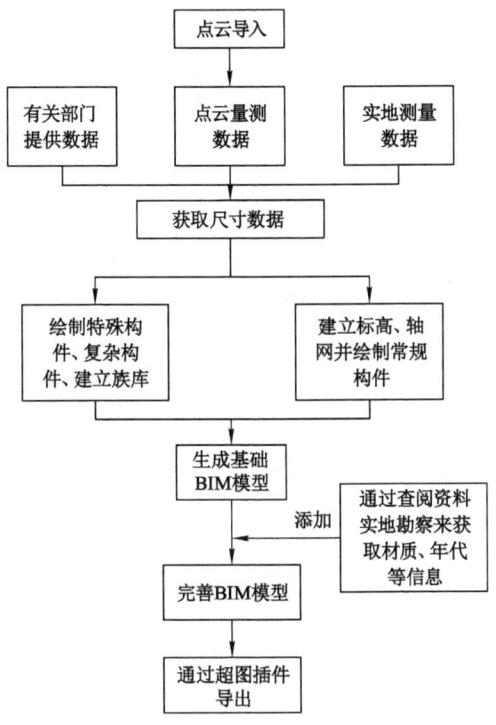

图 5-10　点云辅助构建历史建筑 BIM 模型流程图

5.3.1　BIM 模型精度

BIM 模型的精度是指模型中工程构件的精度。2017 年住房和城乡建设部印发了《建筑信息模型施工应用标准》(GB/T 51235—2017),明确了三维模型的细度等级,将模型细致程度划分为 LOD300、LOD350、LOD400、LOD500 四个等级,根据该标准,结合本次项目的相关需求,BIM 模型精度要求设置为 LOD350 等级进行绘制,该模型包括建筑物的几何尺寸、材质信息等,可以用于碰撞检查分析、施工优化管理和可视化。

5.3.2　点云辅助构建 BIM 模型

在 Autodesk ReCap 中的点云数据修整后可以直接导出 rcp 和 rcs 格式的点云数据,这两种数据可以在 Autodesk 全域软件中使用,以西山水塔为例。图 5-11 为导入点云数据后的 Revit 界面。

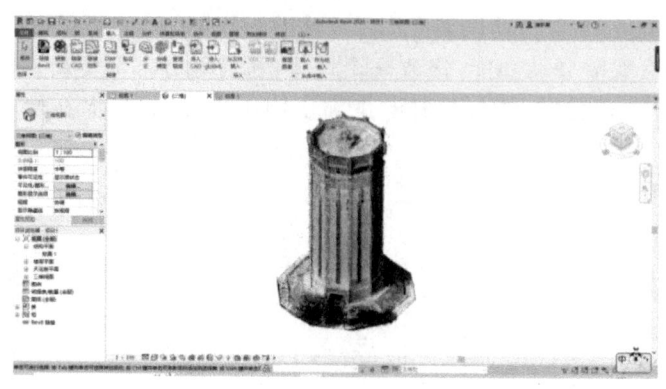

图 5-11　点云数据导入 Revit 软件后的界面

点云数据作为辅助可以充分利用点云数据精度较高的特点,经过去噪、赋色后的点云几乎可以反映目标建筑的所有几何信息,在进行 BIM 模型构建过程中几乎无须查看其他数据就可以快速、准确地建立相应的 BIM 模型。

利用点云数据可以清晰地对工程进行标高绘制和轴网绘制,如图 5-12、图 5-13 所示。

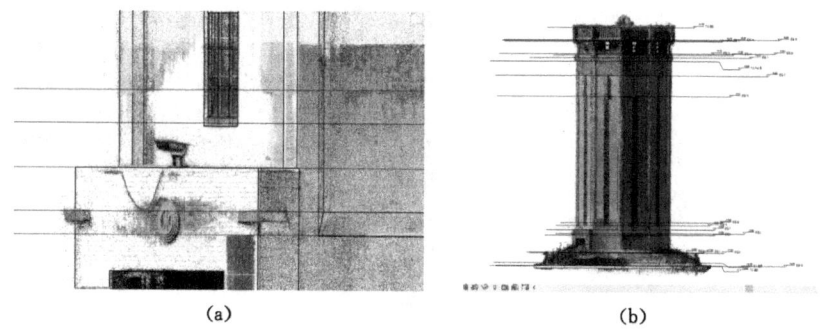

(a) (b)

图 5-12　建筑物标高绘制

5.3.3　建筑物墙体构建

BIM 模型制作中,墙体的构建是基础。墙体的绘制中,根据政府有关部门提供的墙体材质信息,依靠模型量测功能,跟踪点云中对应的点来对墙体进行绘制并录入属性。墙的分类有建筑墙、承重墙、面墙等。根据不同的用处选择不同的墙体种类(图 5-14)。

新建的墙体依据点云放入相应的位置,根据有关部门提供的墙体材质、厚度等对墙体的属性进行录入(图 5-15)。对于复合型墙,需要对墙体中间的夹层厚度等进行设置,以确保 BIM 模型的仿真程度。

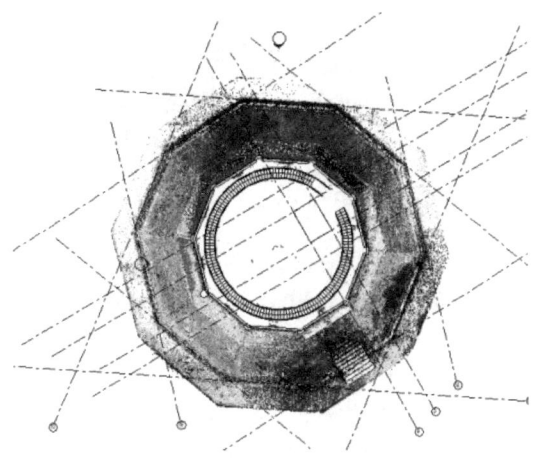

图 5-13　建筑物轴网绘制

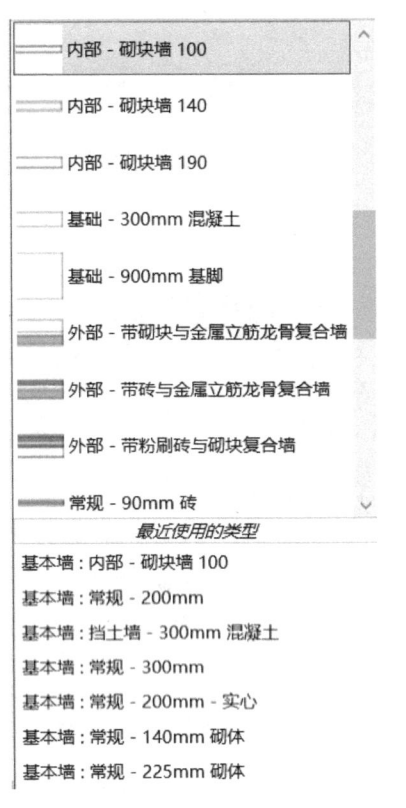

图 5-14　墙体类别

5.3.4　建筑物内部构建

相比仅可用于可视化漫游的实景三维模型,包含内部结构信息的 BIM 模型是建立历史建筑模型信息档案所必需的,模型内部的构建一般利用标高完成,通过对楼板设置标高,在相应的标高界面绘制俯视图,设置底部约束及顶部约束,即可构建建筑物内部结构(图 5-16)。

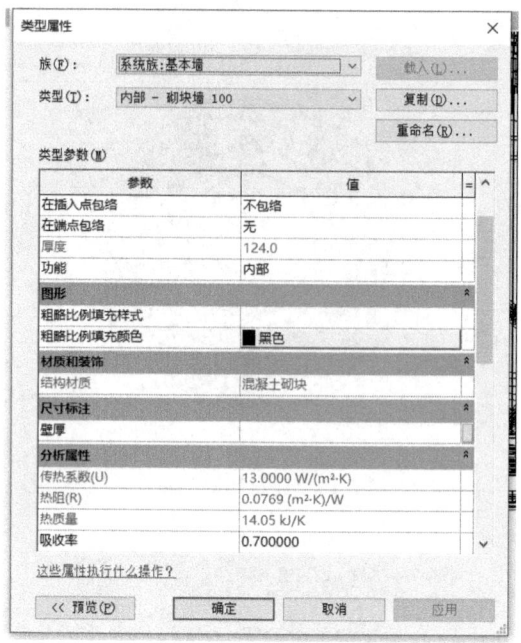

图 5-15 墙体类型属性录入

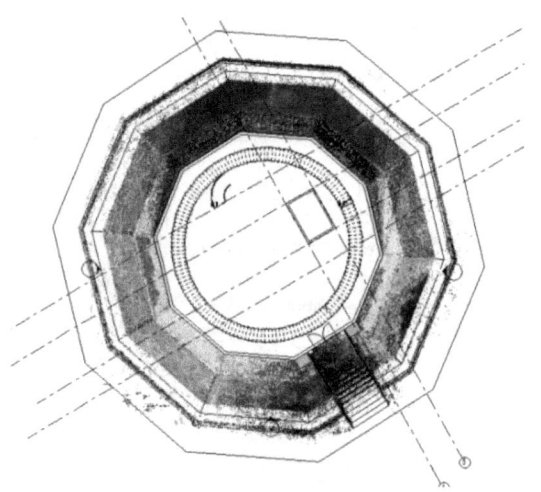

图 5-16 内部房屋及楼梯构筑物模型构建

建筑物的内部尺寸由实地量测或者由政府有关部门提供。通过量测点与点之间的距离,通过数学计算,首先确定轴网的位置,以轴网确定内部构筑物位置,进行构筑物放置。

5.3.5 创建族库

历史建筑以其独特的建筑结构承载了历史著作化气息,这就意味着极大一部分的建筑结构在现有的族库中几乎无法找到,因此必须创建历史建筑独有的族库。利用 Revit 的族编辑器创建建筑物特有的族构件,可以方便后期的调取使用,提高效率。族库的建立在一定程度上相当于建立了历史建筑的结构库,在后期的维护和改建中,对建筑物的某一部分进行改动仅需要对族库中对应的族进行改变。在项目中与其相同的族的构件都会自动更新。使模型管理更加方便快捷,管理信息更加标准规范。在 Revit 中项目与族的关系如图 5-17所示。

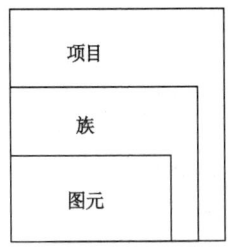

图 5-17　Revit 项目与族的关系

在西山水塔中,水塔的 10 个面均有一扇高达 22 m、宽 1 m 的窗户,在现有的窗体中找不到相应的族,因此必须对这个窗体建立仅适用于该历史建筑的对应窗体族,并记录材质、属性等(图 5-18)。

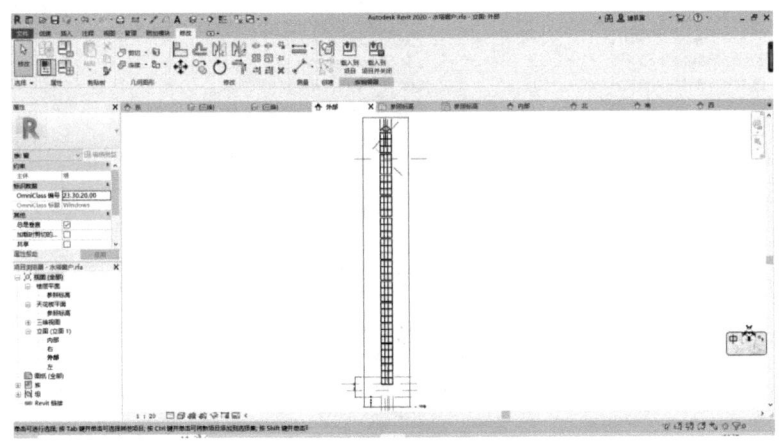

图 5-18　针对特殊窗体建立族库

不仅仅是窗户,水塔的建筑外墙体和内墙体中均有该建筑物独有的墙体结构(图 5-19、图 5-20),如外墙体上的 11 根装饰柱,每根柱子裸露部分长度、宽度、高度分别为 30 cm、22 cm、2 m,相邻 2 根方柱的距离为 20 cm。

族库的建立为历史建筑后期的维护、修建等工作节省了大量的时间,由于点云的辅助,在族库的建立过程中,族尺寸的量测也变得更加简单,从而降低了族的构建难度。

5.3.6　BIM 模型输出

BIM 包含建筑物的属性及空间信息,包括外观形状等。常规的 BIM 模型输出主要用于建筑物设计规划等,这种模型格式并不可以直接应用到 3DGIS 中。为了实现 BIM 模型与3DGIS 的结合,本书选用超图公司的 Revit 插件进行 BIM 的格式转换,导出格式为SuperMap 可用的数据源格式。其转换方式如图 5-21 所示,导出参数设置如图 5-22 所示。

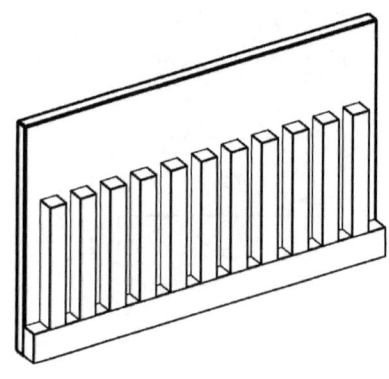

图 5-19 水塔上端外表面装饰族

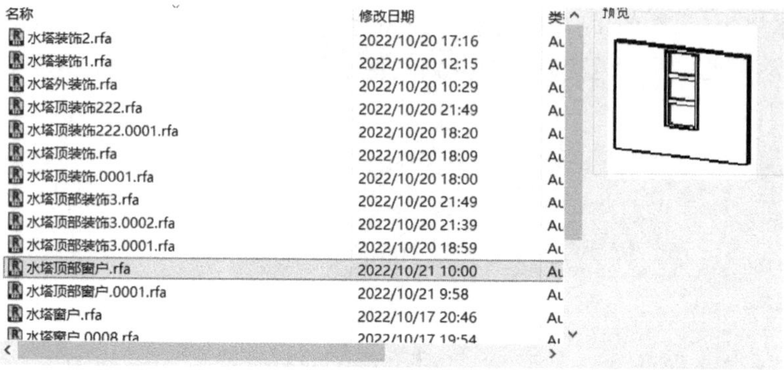

名称 | 修改日期 | 类

水塔装饰2.rfa　2022/10/20 17:16　Au
水塔装饰1.rfa　2022/10/20 12:15　Au
水塔外装饰.rfa　2022/10/20 10:29　Au
水塔顶装饰222.rfa　2022/10/20 21:49　Au
水塔顶装饰222.0001.rfa　2022/10/20 18:20　Au
水塔顶装饰.rfa　2022/10/20 18:09　Au
水塔顶装饰.0001.rfa　2022/10/20 18:00　Au
水塔顶部装饰3.rfa　2022/10/20 21:49　Au
水塔顶部装饰3.0002.rfa　2022/10/20 21:39　Au
水塔顶部装饰3.0001.rfa　2022/10/20 18:59　Au
水塔顶部窗户.rfa　2022/10/21 10:00　Au
水塔顶部窗户.0001.rfa　2022/10/21 9:58　Au
水塔窗户.rfa　2022/10/17 20:46　Au
水塔窗户.0008.rfa　2022/10/17 19:54　Au

图 5-20 西山水塔部分族库

图 5-21 BIM 数据转换方式

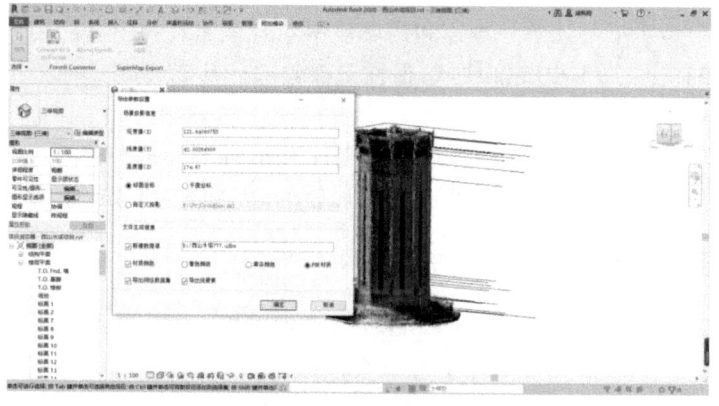

图 5-22 BIM 导出参数设置

6　长辛店地上实景模型建立

6.1　无人机倾斜摄影建模技术

6.1.1　无人机影像获取

我国目前无人机航测规范大多数针对传统的测绘产品,数据采集质量能够直接影响倾斜摄影测量三维建模质量,所以有必要对工作方案、相关参数等进行研究[40]。根据具体作业步骤,无人机影像生成一般包括三个环节,即航线规划、地面控制点布设与测量、无人机航测。

（1）航线规划

航线规划是根据国家航空摄影测量技术标准及规范和航测任务的要求,如地面分辨率等,合理规划航线。根据地面分辨率的要求、基准面和重叠度的设计等参数可以计算出对应的航高、飞行速度和相机的曝光时间等参数。而此类参数将会高度关系作业水平与工作效率。本研究中的航线设计方案如图 6-1 所示。飞机相对航高 H 的计算公式为：

$$H = \frac{\text{GSD} \cdot f}{a} \tag{6-1}$$

式中　f——镜头焦距；

　　　a——像元尺寸。

图 6-1　航线规划图

（2）地面控制点布设与测量

地面控制点坐标利用 CORS 网络 RTK 进行测量,并拍摄记录各个控制点的相片情况。为

后续工作带来更多的数据支撑,像控点布设如图 6-2 所示。其 RTK 载波相位观测模型为:

$$\Phi = \rho + c(d_{\mathrm{T}} - d_{\mathrm{t}}) + \lambda N + d_{\mathrm{trop}} - d_{\mathrm{ion}} + d_{\mathrm{preal}} + \varepsilon(\Phi) \tag{6-2}$$

式中　Φ——相位测量值,m;

　　　ρ——星站之间的几何距离;

　　　c——光速;

　　　d_{T}——接收机钟差;

　　　d_{t}——卫星钟差;

　　　λ——载波相位波长;

　　　N——整周未知数;

　　　d_{trop}——对流层折射的影响;

　　　d_{ion}——电离层折射的影响;

　　　d_{preal}——相对论效应;

　　　$\varepsilon(\Phi)$——观测噪声。

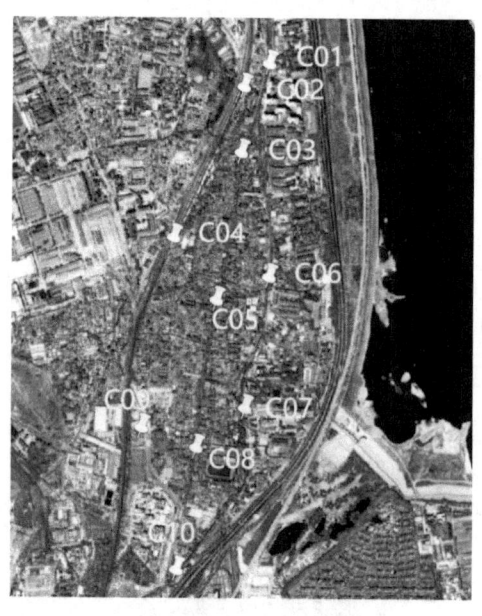

图 6-2　像控点布设图

为进一步提升控制点的测量精度,可以通过网络 RTK 方式实施测量,每个点需要进行 3 个测回,分别平滑 10 次,并计算平均值,作为最终的结果。测回间平面 x 轴、y 轴方向较差小于 1 cm,高程方向较差小于 2 cm。部分地面控制点坐标见表 6-1。坐标系:Beijing_1954_3_DEGREE_GK_Zone_39N(为对坐标保密,像控点前几位以 * 代替)。

表 6-1　地面像控点数据　　　　　　　　　　　　　　　　单位:m

控制点名称	X 坐标	Y 坐标	高程
C01	* * * * * * * .129	* * * * * * * .570	55.233
C02	* * * * * * * .281	* * * * * * * .064	55.789

表 6-1(续)

控制点名称	X 坐标	Y 坐标	高程
C03	＊＊＊＊＊＊＊.011	＊＊＊＊＊＊.055	62.530
C04	＊＊＊＊＊＊＊.283	＊＊＊＊＊＊.116	59.521
C05	＊＊＊＊＊＊＊.391	＊＊＊＊＊＊.519	67.019
C06	＊＊＊＊＊＊＊.486	＊＊＊＊＊＊.209	56.358
C07	＊＊＊＊＊＊＊.876	＊＊＊＊＊＊.303	55.429
C08	＊＊＊＊＊＊＊.457	＊＊＊＊＊＊.709	59.032
C09	＊＊＊＊＊＊＊.513	＊＊＊＊＊＊.616	55.326
C10	＊＊＊＊＊＊＊.645	＊＊＊＊＊＊.736	56.270

（3）无人机航测

在航摄过程中，需要基于目标范围的真实情况进行航线设计，地面控制站可以通过一些配套功能，在底图上实现初步规划，随后在相关平台上完成设计。

本书研究中，项目区域为北京城乡交接的长辛店一带，其覆盖区域比较小，考虑运用多旋翼无人机平台实施拍摄，整个区域大小为 0.83 km²。采用飞马 D2000 多旋翼无人机测绘平台，如图 6-3 所示，搭载 Sony a6000 五镜头相机用于航空摄影。设计航摄参数：飞行高度为 191 m、飞行速度为 14 m/s 等。

图 6-3　飞马 D2000 多旋翼无人机

6.1.2　地上实景三维模型构建

利用功能强大的 Context Capture 系统，基于初始影像、POS 数据等，实现影像匹配、空三加密等，最后完成实景模型创建[41]。具体流程如图 6-4 所示技术路线。

（1）预处理

在无人机获取航片时，由于天气以及拍摄角度，经常会导致航片影像在对比度、亮度、反差和色调上存在明显的差异，而航片的质量决定实景模型的精度，因此需要对航片使用 Wallis 算法进行匀光匀色处理。

Wallis 滤波可以将部分影像的灰度方差与相关参数映射到其他区域，从而使各个区域的灰度方差等实现影像变换。对于一些反差对照大的部分可以平滑处理，而较为相似的地方强度对比，从而使其平衡。Wallis 滤波器的公式如下：

$$f(x,y) = [g(x,y) - m_g] \cdot \frac{CS_f}{CS_g + (1-c)s_f} + b\,m_f + (1-b)\,m_g \qquad (6-3)$$

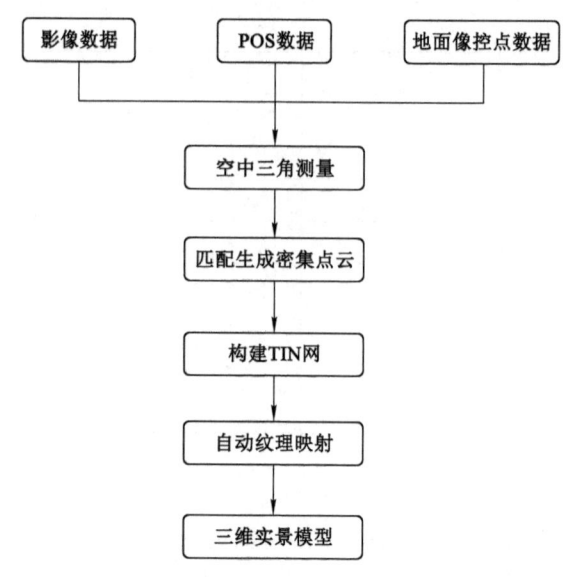

图 6-4　实景建模技术路线

式中　$f(x,y)$——通过滤波处理后的影像的灰度值；

$\quad\quad g(x,y)$——原始影像的灰度值；

$\quad\quad m_g, s_g$——原始影像的局部灰度平均值和标准差；

$\quad\quad m_f, s_f$——滤波处理后的影像的局部灰度平均值和标准差需要达到的值；

$\quad\quad b$——影像亮度系数，取 $0\sim1$；

$\quad\quad c$——影像的方差扩展系数，取 $0\sim1$。

借助 Context Capture 软件对匀光匀色处理过的影像数据，完成影像匹配、控制点量测等[42]。系统功能较为完善，可以导入各种格式的 POS 数据，同时将 POS 数据引入空三平差步骤。

（2）倾斜影像联合空中三角测量

摄影测量过程中利用较少的野外控制点从而获得目标加密点位置是常见的手段[43]。这种技术也可以应用在倾斜摄影测量方面，不过多镜头倾斜时的工作方案和过去航摄数据处理存在明显差异，无论是计算任务还是分析过程都更加复杂，需要投入更多时间。倾斜系统获得影像空三平差以初始 POS 数据为参数，经过层层处理，逐一匹配，从而在最上端可以获得所需求特征点。在针对性处理后，可以运算得到精确度有保障的加密点。另外，还需要创建控制点、连接点等多种数据信息来联合计算，避免平差结果误差较大。Context Capture 平台具有良好的自动性，其自动匹配得到的连接点精度良好，符合要求。经过集成布置传感器获得数据信息误差较大，可以先结合较少控制点处理。在此之后，对控制点进行均匀，随后继续平差处理，这样就可以充分提高精度。本书研究中通过 10 个控制点实施空三加密处理，后续形成的匹配结果如图 6-5 所示。

（3）模型输出

相关加密著作件在联合平差处理后形成了高密度的数字点云。而多视影像区域联合平差作为一项关键技术，基于多视图几何原理，利用影像的外方位元素进行特征点匹配，随后

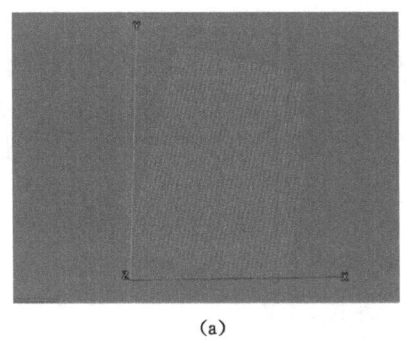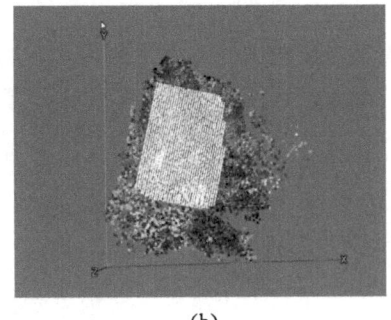

(a)　　　　　　　　　　　　　　(b)

图 6-5　导入影像数据及连接点匹配

通过控制点、匹配连接点等内容创建相应的误差方程,完成区域网平差处理(图 6-6)。

光束法是通过特定相片所形成的光速来设定为其中的平差单元,根据共线条件来明确相应的方程,尽管这种方法在区域平差处理中技术较为复杂,过程也比较烦琐,但是其精度是最理想的,所以光束法在实际场合中得到了充分的运用。光束法区域网平差的数学模型为:

$$u - u_0 = -f\frac{a_1(X-X_S)+b_1(Y-Y_S)+c_1(Z-Z_S)}{a_3(X-X_S)+b_3(Y-Y_S)+c_3(Z-Z_S)} \tag{6-4}$$

$$v - v_0 = -f\frac{a_2(X-X_S)+b_2(Y-Y_S)+c_2(Z-Z_S)}{a_3(X-X_S)+b_3(Y-Y_S)+c_3(Z-Z_S)} \tag{6-5}$$

式中　(u,v)——像点坐标;

　　　f——焦距;

　　　(X,Y,Z)——物体的物方空间坐标;

　　　(X_S,Y_S,Z_S)——影像外方位线元素;

　　　$a_i,b_i,c_i(i=1,2,3)$——外方位角元素;

图 6-6　古镇长辛店三维实景模型

（φ,ω,κ）——构成方向余弦。

密集点云涉及较大的数据信息体量,首先对信息进行分块,随后根据不同层次细节进行模型构建。继续通过匹配方案、实景模型等方法,进而实现对 TIN 模型训练与映射处理。借助 Context Capture 完成构建金字塔、影像密集匹配等步骤,最后实现真实纹理和实景模型自动配对。

6.1.3 三维实景模型精度评价

为了进一步明确本次研究中所创建实景模型精度,本次实验在项目范围内设计 6 个检查点,均衡分布在测区范围内(图 6-7)。各个检查点都通过网络 RTK 来实现对坐标的采集。对采集的坐标与模型的相应坐标展开对比分析,评估检查点的误差分布情况。根据相关标准著作件,对精度评价分析。

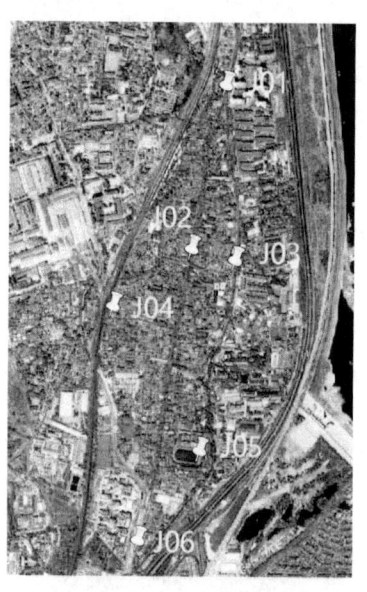

图 6-7 检测点分布图

模型精度分析包括平面精度、高程精度两个方面[44],下面分别计算分析。

$$\mu_x = \sqrt{\frac{\sum (X_k - X_j)^2}{nx}} \tag{6-6}$$

$$\mu_y = \sqrt{\frac{\sum (Y_k - Y_j)^2}{ny}} \tag{6-7}$$

$$\mu_z = \sqrt{\frac{\sum (Z_k - Z_j)^2}{nz}} \tag{6-8}$$

式中　n——检查点的数量;

　　　X_k,Y_k,Z_k——外业实测位置信息;

　　　X_j,Y_j,Z_j——模型坐标信息。

检查点精度统计见表 6-2。

表 6-2 检查点精度统计

序号	检查点名称	Δx/cm	Δy/cm	Δz/cm
1	J01	−2.9	2.0	1.5
2	J02	4.5	−6.7	6.3
3	J03	2.3	5.0	−2.7
4	J04	−6.1	1.9	7.5
5	J05	1.9	−2.1	−4.3
6	J06	1.6	6.5	5.1

通过上述数据分析可得：此次处理的古镇长辛店模型数据，在 x 轴方向的中误差为 2.88 cm，y 轴方向的中误差为 6.2 cm，平面中误差为 4.33 cm。高程中误差为 4.49 cm。依据著作件标准，长辛店三维模型数据可以符合 1∶500 精度标准，平面精度不超过 0.3 m，高程精度不超过 0.5 m。三维模型产品平面中误差标准与三维模型产品高程中误差标准见表 6-3、表 6-4。

表 6-3 三维模型产品平面中误差标准

类别	I 级	II 级	III 级	IV 级	V 级
成图比例尺	1∶500	1∶500	1∶1 000	1∶2 000	1∶5 000
平面精度/m	0.3	0.5	0.8	1.4	6.5

表 6-4 三维模型产品高程中误差标准

类别	I 级	II 级	III 级	IV 级	V 级
成图比例尺	1∶500	1∶500	1∶1 000	1∶2 000	1∶5 000
高程精度/m	0.5	0.8	1	2	5

6.2 实景模型单体化

6.2.1 实景模型单体化技术

首先需要明确单体化的概念，即每个独立被选择、可以管理操作的实体对象，在点击选中时将会加深亮度，同时一并呈现出相关信息[45]。实景模型在单体化处理后模型才能被运用和管理，进而赋予用户搜索、分析等基础功能。根据倾斜摄影模型提取建筑物矢量数据，并设定为单体化分类图层。对于不同运用环境和实际需要，需要引进不同单体化模式，如切割单体化等，下面分别阐述分析。

（1）切割单体化

对于倾斜摄影三维模型的单体化，最直接、最直观的解决思路是将模型在物理层面上进行切割分离,这种思路也是真正意义上的单体化。其逻辑可以概括为:首先,将矢量面的相应线路设定为切割线,将点集划分为内外两个方面;其次,在计算处理后获取点集的边界,这样就创建了整个模型结构;最后,对不同对象进行划分与优化,从而获取相应模型。

(2)ID 单体化

与前面所提到的切割处理方式存在的差异:这种方式并不会让模型的物理层面受到影响,而是基于渲染处理方式,对目标模型部分加大亮度进行呈现,从而实现属性设定等操作过程。一般来说,倾斜摄影模型中,基于已获取的二维矢量面信息,将相匹配的矢量面的 ID 值分配到不同顶点上,此时相同地物相应三角网顶点就保存了相同的 ID 值。通过鼠标选择其中三角面片时,根据其顶点 ID 值就可以获取其他 ID 一致的部分,同时亮度加重呈现出来,这样就达到独立选中特定地物目标。利用这种方法对相同模型中不同部分需要处理的模型进行独立划分,借助 GIS 方面识别码进行查找,对相同的识别码所在范围通过增加亮度进行呈现,这样就完成了模型的 ID 单体化。

(3)动态单体化

和前面两种方式存在的差异:这种方式无需对倾斜模型数据完成初步处理。将相应二维矢量面与倾斜摄影模型设定到相同环境中,在渲染数据过程中将矢量面贴到模型表面,随后设定相应颜色、透明度,进而达到单独选中地物目标[46]。利用这种方法进行的单体化,在保障数据信息较为完整的前提下,达到快速划分模型的目标。图 6-8 为动态单体化三维模型效果图。

图 6-8　动态单体化三维模型效果图

6.2.2　实景模型分层分户单体化

在棚户区改造房屋宗地管理业务中,由于现存棚改资料多数为纸质著作档、二维矢量数据、图片等格式,无法实现资源共享,导致棚改档案信息管理困难以及实景模型为不可分割的整体,无法进行单体化的搜索和运用[47]。由于动态单体化拥有预处理时间短、建模效果好、GIS 功能强等优点,所以本著作使用动态单体化来实现实景模型分层分户单体化。实景模型分层分户单体化管理包括楼房分层分户单体化与平房分户单体化。通过分层分户动态单体化技术对实景模型进行单体化,实现拆迁档案与实景模型关联存储,以解决棚改档案管理等问题。三种单体化技术对比见表 6-5。分层分户单体化如图 6-9 所示。

表 6-5　三种单体化技术对比

	切割单体化	ID 单体化	动态单体化
技术思路	预先通过物理分割把地物分开,再分别构网	同一地物的三角网顶点赋予相同的 ID	叠加矢量底面,动态渲染出地物单体化效果
预处理时间	长	一般	不耗时
建模效果	模型边缘锯齿感明显	一般	强,模型边缘和屏幕分辨率一致
GIS 功能	弱	一般	强,常用的功能都能实现
小结	耗时长,效果不是很好,谨慎使用	在没有更好的情况下推荐	推荐使用

图 6-9　分层分户单体化

6.3　BIM 融合 3DGIS 在古建筑数字化中的应用

6.3.1　BIM 技术

20 世纪 70 年代,BIM 技术进入公众视线,很快在建筑工程领域获得充分运用。通过创建相应的三维模型,数字化仿真建筑物的真实数据。BIM 除了可以给用户带来几何信息,还提供了建筑项目的属性信息与各类相关资料[48]。过去的 2D、3D 等辅助技术,仅可以让用户获取到建筑形态,无法掌握其他一些关键信息。基于 BIM 创建的模型为实体模型架构,除了可以符合视觉标准,还提供建筑项目的属性信息与各类相关资料。过去的 2D、3D 等辅助技术,仅可以让用户获取到建筑形态,无法掌握其他一些关键信息。基于 BIM 创建的模型为实体模型架构,除了可以符合视觉标准,还带来丰富的构件信息。BIM 运用参数化构件完成全参数化处理,无须利用几何结构就能得到所需各类数据[49]。

对于一些历史建筑数据内容,一般通过著作字形式进行记录和表示。但是这种落后的工作方案无法符合如今的保护需求。想要创建完善保护机制,引进新信息技术方案是未来的发展趋势。相关属性信息获取是实现历史建筑物保护的重中之重,通过 BIM 技术可以更加精确、可靠地提取构件数据,使保护工作更加系统、全面。

在 BIM 模型创建过程中,最关键的一点是几何数据模型构建,BIM 的主要特征可以概括为:

(1)完备性:在项目推进环节中,BIM 技术可以带来施工数据、工序结构、管理维护数据等各个环节的资料信息。

(2)关联性:即各个关联对象之间的彼此作用机制,比如二维图纸与三维模型,还有一些存在内部关联的构件,彼此形成一个关联整体。

(3)一致性:在项目全生命周期中,模型数据需要避免前后矛盾。可以运用相同模型对象,不需要多次构建模型以及获取属性数据。

6.3.2 基于点云数据构建古建筑 BIM 模型

古建筑点云数据通过地面三维激光扫描仪联合空中无人机倾斜摄影获取,采集到的数据利用 Geomagic 软件进行点云数据拼接、数据预处理及格式转换,得到 RCS 格式点云数据;将 RCS 格式点云数据导入 BIM 软件,提取建筑特征线,并在软件 Revit 中完成不同组件的装饰及组装,最终得到整个古建筑的三维模型。

6.3.2.1 古建筑点云数据获取

三维重建的构成,其主要是根据"先控制后细节"原则进行设计,掌握传统建筑结构与周边设施的具体分布关系,随后通过全站仪来控制测量,使得室内部分与室外部分保持匹配[50]。最后通过三维激光扫描技术与无人机倾斜摄影技术等实现点云数据收集工作。下面给出传统建筑的三维信息收集步骤图,如图 6-10 所示。地面三维激光扫描如图 6-11 所示。

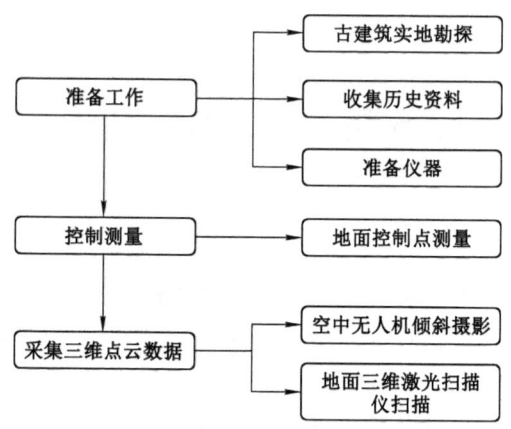

图 6-10　古建筑三维数据采集流程图

6.3.2.2 点云数据预处理

由于在三维激光扫描期间每个扫描点所获取的点云数据坐标系是独立的,并且点云数据还存在干扰因素,如数据冗余、噪点等,基于未进行处理的点云信息来创建模型,将会造成精度较差等问题,不能符合实际需求[51]。所以在创建模型前,需要对这些数据信息初步处理,比如清除其中的孤立、高位和低位噪点。

图 6-11　地面三维激光扫描

（1）点云数据拼接

点云数据的拼接过程实际上是同名点坐标的映射过程，通过点云拼接将不同站点的独立坐标系的数据映射到同一个坐标系中。在具体的操作过程中，需要运用 ICP 算法。点云数据拼接如图 6-12 所示。ICP 算法基于对最近点的计算处理，从而获得所需的旋转评议矩阵。若 Q、P 为满足条件的两个点集，同时二者具有某种程度的重叠，那么其距离函数可以表示如下：

$$d(P, Q) = \min \| q - p \| \tag{6-9}$$

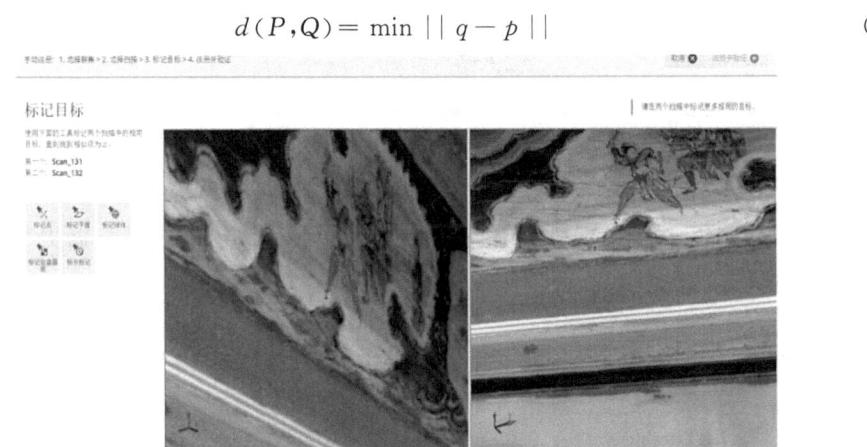

图 6-12　点云拼接

利用 ICP 算法对距离数值持续迭代处理，直到距离值在阈值范围内。这里假定 P 中存在 N_P 个点，Q 中存在 Q_P 个点，那么 $P = (P_1, P_2, \cdots, P_{NP})$，$Q = (Q_1, Q_2, \cdots, Q_{QP})$。此时相应的变换矩阵为 (R, t)，点的最初坐标表示成：$p_0 = p$，$\boldsymbol{R}_0 = \boldsymbol{I}$，$t_0 = (0, 0, 0)^{\mathrm{T}}$，$k$ 为迭代回合。结

合式(6-8)运算 Q、P 中的各点间隔,最近的点 $Y_k = \{y_i, k\}$,具体公式见式(6-10)。

$$y_{i,k} = \min_{q \in Q} d(p_{i,k}, q) \tag{6-10}$$

当 $e(\boldsymbol{R}_k, t_k)$ 为最小时,迭代结束,此时有 $(\boldsymbol{R}_k, t_k)$,参考式(6-11)与式(6-12)。

$$e(\boldsymbol{R}_k, t_k) = \frac{1}{NP} \sum || (R_{kpi}, 0 + t_k) - y_{i,k} ||^2 \tag{6-11}$$

$$e_k = \min_{Rk, tk}(\boldsymbol{R}_k - t_k) \tag{6-12}$$

式中　$\boldsymbol{R}_k$——处理 k 次的旋转矩阵;

　　　t_k——处理 k 次的平移矩阵。

结合式(6-12)运算得到 (R_k, t_k),运算在参考点集下的位置分布 $P_{k+1} = \{p_{i,k+1}\}$。

设置迭代依据:当处理次数达到最大值或者 $e_{k-1} < e_k < \tau$ 时,迭代结束,那么会获取旋转矩阵 $\boldsymbol{R}_k$ 和平移矩阵 t_k;相反会依然保持迭代。

(2) 点云数据去噪与精简

因为历史建筑时间比较久远,所以三维激光扫描所得到的相关信息具有较为明显的误差问题[52],所得到的一些点云数据并不是所需要的。另外,设备装置性能以及扫描工作等,也会产生一些噪点,所以需要引进相应聚类算法,进而达到数据信息的精简处理效果,清除其中的噪点因素,之所以采用 K-means 算法,是因为 K-means 算法可以准确地发现所有集群,对边缘数据进行精简。在应用双边滤波去噪声时,先定义点云数据:

$$Z = Z_I + \beta \cdot n \tag{6-13}$$

式中　Z——滤波后的点云数据;

　　　Z_i——原始三维激光扫描点云数据;

　　　β——双边滤波因子;

　　　n——数据点 Z_i 的法向量。

光顺滤波权函数定义为。

$$W_C(x) = \exp\left(-\frac{x^2}{2\sigma c^2}\right) \tag{6-14}$$

特征保持权函数定义为:

$$W_S(y) = \exp\left(-\frac{y^2}{2\sigma s^2}\right) \tag{6-15}$$

式(6-14)和式(6-15)是高斯函数,σ_c,σ_s 为高斯参数。古建筑点云数据去噪与精简之后进行点云分割。

(3) 点云分割

由于传统建筑物的建筑结构复杂,为了更好、更快、更准确地建立 BIM 模型,将点云数据按照不同建筑构建进行点云数据分割[53]。数据分割完成之后得到不同构件的点云数据存储在 Cyclone 数据库中。

6.3.2.3　构建古建筑 BIM 模型

在进行古建筑建模时需要运用 Revit 工具,通过该工具获取轮廓线和特征点,掌握其中各个设施与构件的尺寸信息,基于掌握的数据信息对构件组装。结束后就可以获取古建筑的模型信息[54]。古建筑构成较为复杂,含有不同构件,这里需要将每种构件设定为不同的族以进行妥善保存。同时按照具体信息设定其相应的子类型,并配套设计属性信息。不同构件的建模工作完成后,明确平面图中各个组件的分布位置并组合。这个过程需要验证点云数据的精度匹配情况,以及构件设施是否对应为相同坐标系背景。假如存在差异,那么需要运用 Reload 命令完成相应的替换过程。Revit 中的 BIM 如图 6-13 所示。

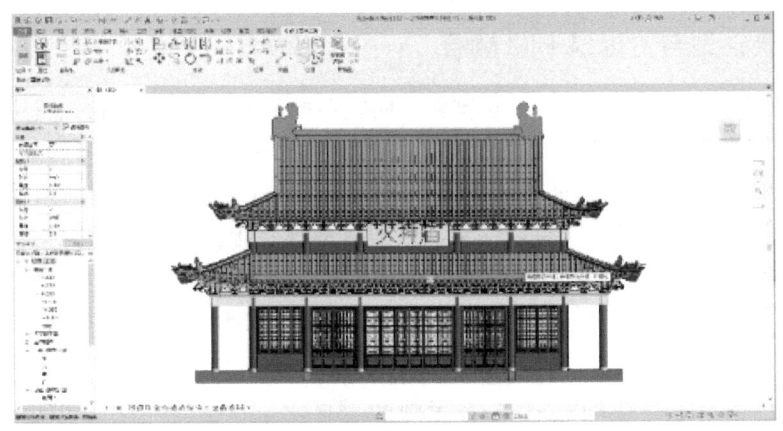

图 6-13　Revit 中的 BIM

6.3.2.4　BIM 模型精度评价

选择一个主楼与相应的窗体,对 5 个数据库展开分析处理,评估模型的精度情况,基于真实数据展开比较。随后创建空间直角坐标系,得到的数据见表 6-6,结合资料信息运算得到相应模型的误差均值等重要参数。

(1) 误差均值可以反映测量数据的偏离程度,计算见式(6-16)。

表 6-6　主楼和窗体的 BIM 模型与真实数据比较　　　　　　　　　单位:m

	主楼			窗体	
	x 轴坐标	y 轴坐标	z 轴坐标	y 轴坐标	z 轴坐标
真实数据	26.89	19.28	16.92	2.55	2.63
点云三维模型	26.98	19.25	17.29	2.31	2.47
绝对误差	0.09	0.03	0.37	0.24	0.16

$$E(x) = \frac{\sum |x_1 - x_2|}{n} \qquad (6\text{-}16)$$

式中　$E(x)$——误差均值;

　　　x_1——测量值;

　　　x_2——真值;

　　　n——数据数量。

(2) 中误差的计算如式(6-17)所示。

$$m = \sqrt{\frac{\Delta\Delta}{n}} \qquad (6\text{-}17)$$

式中　n——数据数量;

　　　Δ——绝对误差;

m——中误差。

根据式(6-4)和式(6-5)对表 6-4 中数据进行计算,点云三维模型的误差平均值为 0.11 m,中误差为 0.15 m,由此可知 BIM 三维模型的精度较高。

6.3.3 实景模型与古建筑 BIM 融合

通过引进 BIM 模型可以对历史建筑在不同时期的数据、历程以及相关资料信息等进行充分连接,在棚户区改造中涉及的历史建筑保护问题,以及后续长远时间的运行管理,都可以借助 BIM 的单体模型,从而更好地开展工作,可以更好地着眼于内部构造,使得开发保护工作更加细节、到位。实景模型可以使宏观地理信息研究处理更加方便,同时可以满足地理数据处理时的多种需要。古建筑 BIM 与实景三维模型集成平台,可以为棚改中古建筑数字化保护以及之后的运行维护提供可视化、深层次、宏观和微观化管理提供相关依据。

BIM 与 3DGIS 深入结合,不仅可以使 GIS 技术更加细节、微观,拓展 3DGIS 技术功能,还可以为 BIM 在古建筑领域的运用奠定基础[55],解决当下保护方案存在的诸多不足之处,完成对古建筑数字化的长久保存。

在 Revit 中利用 SuperMap Revit 导出插件导出 BIM 模型,如图 6-14 所示。利用 SuperMap 在三维场景中打开 BIM 模型数据源,通过对模型所在区域的倾斜模型做压平镶嵌操作,实现三维模型的平滑衔接,从而实现古建筑 BIM 模型与实景三维模型的结合。

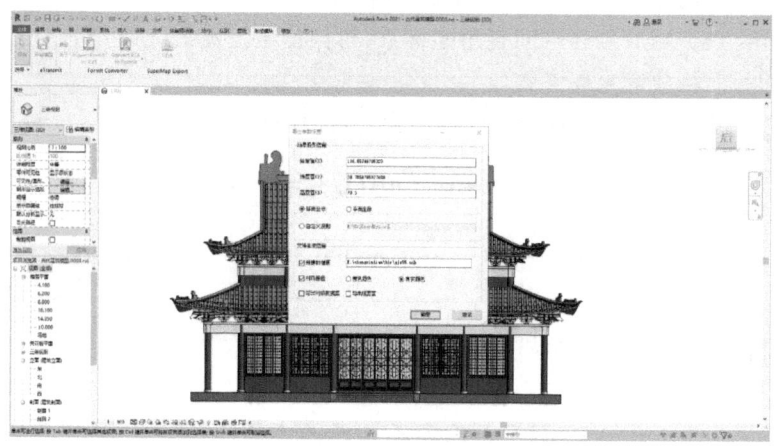

图 6-14 SuperMap Revit 导出插件导出的古建筑 BIM

7　长辛店地下管网三维可视化

7.1　地下管网的类型及特性

7.1.1　地下管网的类型

目前,按照《城市地下管线探测技术规程》(CJJ 61—2017)对地下管网进行分类。根据具体功能的差异,地下管网可以划分为排水、燃气、电力等,这也是城市稳定运行的基础保障,如图 7-1 所示。

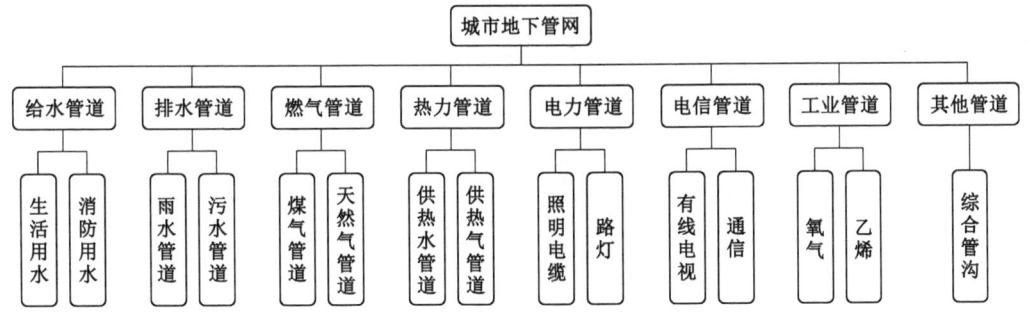

图 7-1　地下管网类别

7.1.2　地下管网的特性

地下管网纵横复杂,其涉及的数据信息也纷繁多样,不同要素之间形成了多方面联系,难以明确划分。要对管道网络的几何、拓扑等进行综合化描述和分析,就要对其主要特征进行系统梳理,从而对涉及的各类数据进行良好组织、管理。在实际调研后,管网特征概括为下面几点:

(1)立体分布。这是地下管网最为突出的特征之一,在横向平面上形成交织多样的网络,在纵向上存在不同落差,不同管道分布在不同高度处。各个功能的管道设置有别,互相穿插而过,形成一个立体分布的总体。所以需要明确各个要素的空间分布,以及连通状态,这样才能为后续工作做好铺垫。

(2)交互性。城市地下管网的设计是为民众基本生产生活提供保障,不仅管道之间错综复杂,和地上结构、建筑物等也具有多种交互关系。通过三维可视化呈现方式,除了需要着眼于地下,还要和地上的设施分布、活动情况联系起来,对这种联系进行合理呈现是需要思考的重要问题。

（3）动态性。城市的建设和发展都不是固定不变的,管网体系设计也需要做出动态改变。所创建的三维模型,也将及时更新与补充完善。

（4）影响机制。管网自身是通过各种要素形成的网络,而网络的主要特征是互相联系、影响。其中一个位置出现问题,其他部分的管网运行也将面临影响。相应的,在对管网的抢险救援中,需要明确不同管网的位置的影响和作用,所以在相关数据的处理中,需要对拓扑关系进行明确和表示。

7.2 管网三维建模实现技术

地下管网的模型具有建模适用范围广、精确度有保障等优势,通过单一数据模型难以对各种形式的空间实体进行表达。所以,通过 B-Rep 方法和 CSG 相结合的模型对地下管道体系建模,充分发挥二者的优势,进而更加充分地在三维空间中描述管网数据。

B-Rep 作为一种分级结构的信息模型,如图 7-2 所示,任何对象可以划分成一定边界面所形成的面集,不同的边界面又可以看作相应的闭合范围,每条边界线段通过端点形成。每种元素通过几何数据、分类标志等表示[56]。CSG 法是通过对一些形状规范的基础单元展开变换等过程创建相应的物体模型[57],如图 7-3 所示。而混合模型对目标对象的几何信息、属性信息等进行封装处理,从而更好地符合几何精度、数据查找等功能标准,其具体的创建步骤如图 7-4 所示。

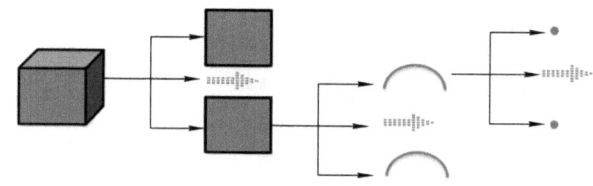

图 7-2   B-Rep 数据模型结构

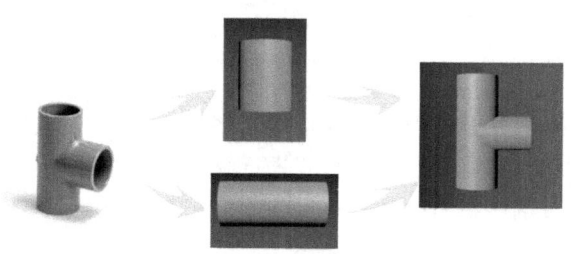

图 7-3   CSG 法管线模型的拆分与建立

地下管网通过管线将一定数量的附属物与管件串联,基于管网几何属性,将目标对象抽象为不同点,管线视为折线。管网模型含有多种不规则实体模型,比如大家熟知的阀门、三通等。其中一些管点外观接近,仅尺寸不同。这些实体模型外观比较复杂,可以存储在模型库中以便多次运用,可通过 CSG 来描述。通过 3DS Max 建模工具对简单几何体展开变换和组合处理,从而获取精度更高的附属物模型。管线模型一般通过管网二维分布图进行构建,其内部结构比较简单,所以可以处理成圆柱形管道。三维中管道除需要进行三维表

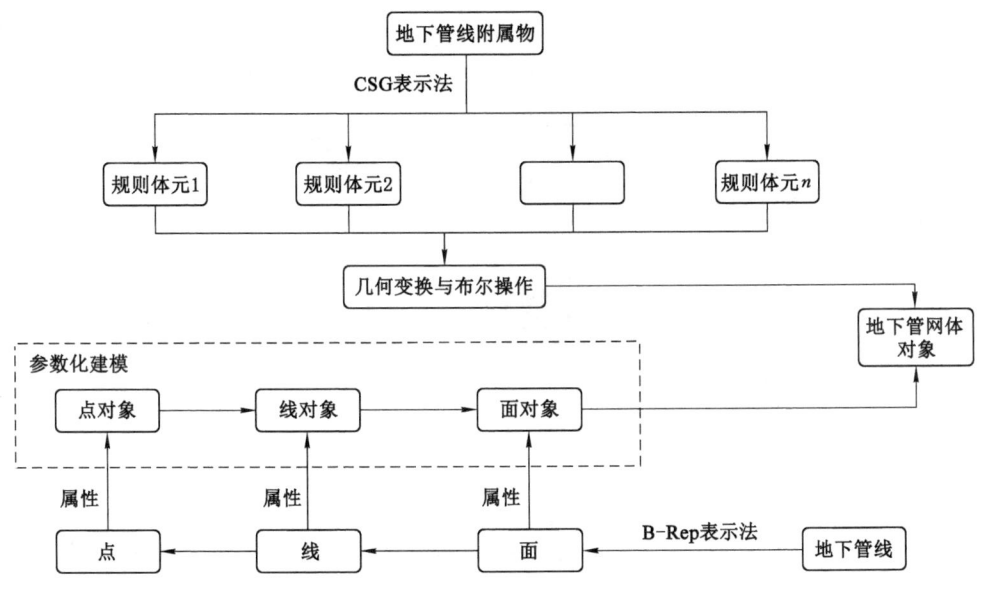

图 7-4　CSG 与 B-Rep 结合构建地下管网

示,还要符合空间分析性能要求。B-Rep 模型可以全面保存模型的几何数据和拓扑关系,为后续处理奠定良好基础[58]。

7.3　基于 SuperMap 的地下管网建模

地下三维管网建模采用 SuperMap 管网自适应建模方法,可以对地下复杂的管网进行简化和使相邻管线自动连接。与传统管线建模方法相比具有动态化、参数化构建的优势,适用于自动构建多层次、多类别的地下三维管网模型,下面详细阐述。

7.3.1　管网自适应建模

管线 3D 符号化是一个重要步骤,即将二维矢量形式转化为三维矢量形式,同时按照三维矢量数据生成对应专题图,完成地下管网三维可视化[59]。正是基于这个原理,形成了一种全新的建模手段。

想要实现自适应建模,还需要创建 3D 管网符号库,其内部 3D 符号实际上是通过管网组件形成的 3D 模型。具体流程为:采用 3DS Max 建模软件建立不同管件三维精细模型并使用 SuperMap 插件导出所需格式,将构建好的管件模型导入 SuperMap 三维符号库,将二维管网矢量数据根据高程转换为三维管网矢量数据,根据三维管点、管线数据构建三维网络。通过三维网络构建管线模型,计算出特征管点缩放倍数、倍数旋转角度等自适应渲染以及模型配置的参数。利用 SuperMap iDesktop 自动化构建三维管网,流程如图 7-5 所示。

7.3.2　三维管网符号库

可靠、精确的 3D 管网模型可以全面呈现组件状态,同时对空间位置关系进行描述。基

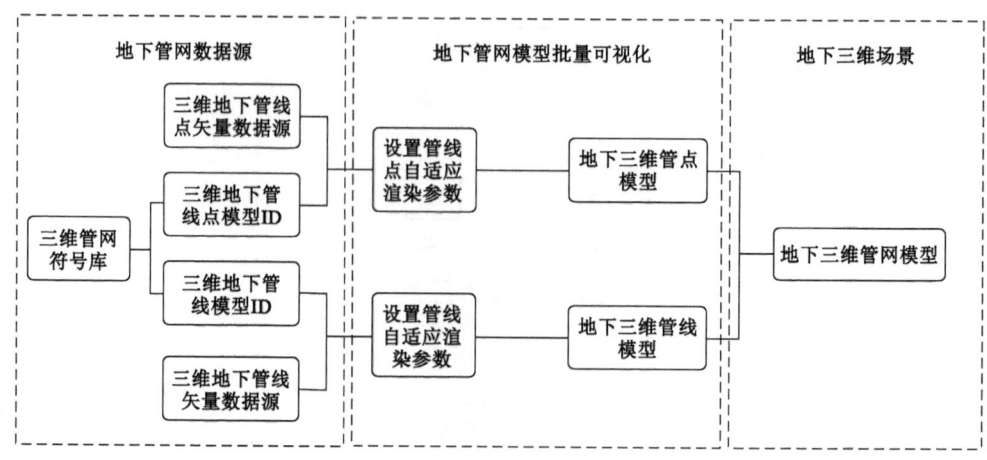

图 7-5　管网自适应建模

于 3DS Max 等技术的结合,创建相应符号库,对种类丰富、功能不同的管网模型进行分类和整理、保存,相应的步骤如图 7-6 所示。

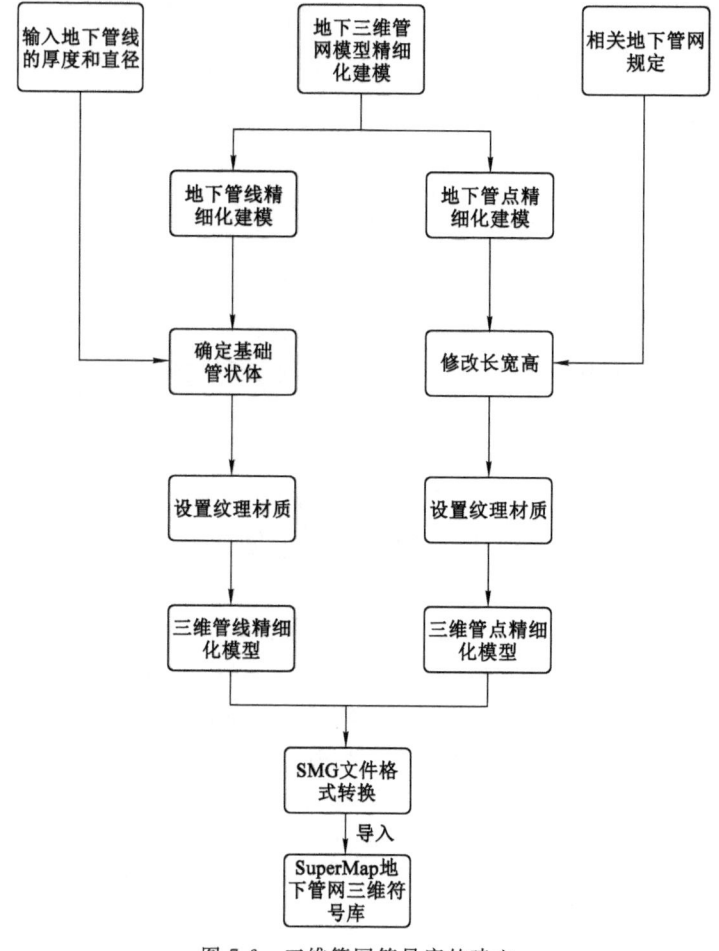

图 7-6　三维管网符号库的建立

采用 3DS Max 对地下管网的重要管件根据相应尺寸建模,如图 7-7 所示,同时配套设计纹理贴图,以 ＊.SGM 格式输出,存储在 SuperMap 空间中。针对性处理后,制备成一定格式的点符号库,这样就获得了所需的专用模型库,模型库如图 7-8 所示。在需要运用的时候利用属性字段进行调用,编辑相应的 ID 内容就可以提取到目标管件模型。随后基于缩放字段与旋转字段,对相应模型变换处理,完成管件的导入式建模过程。管线方面,与以上处理过程较为相似,这里不再赘述。通过这种自适应方案实现 3D 建模,可以将建模成本控制在更低水平。

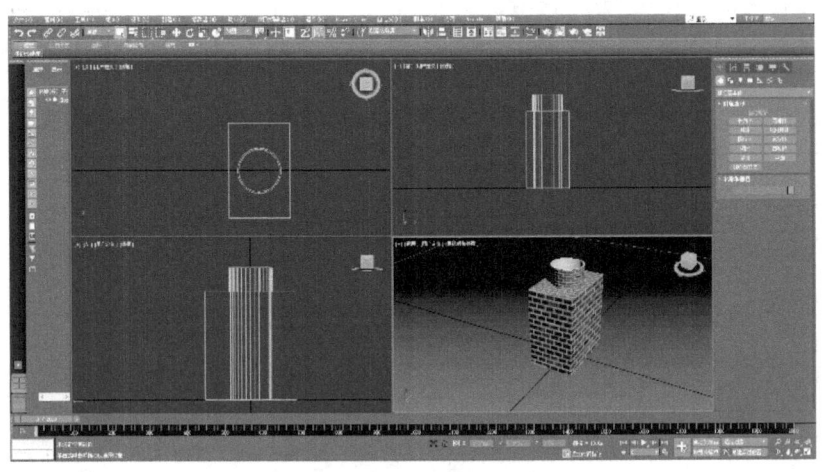

图 7-7　重要管件建模

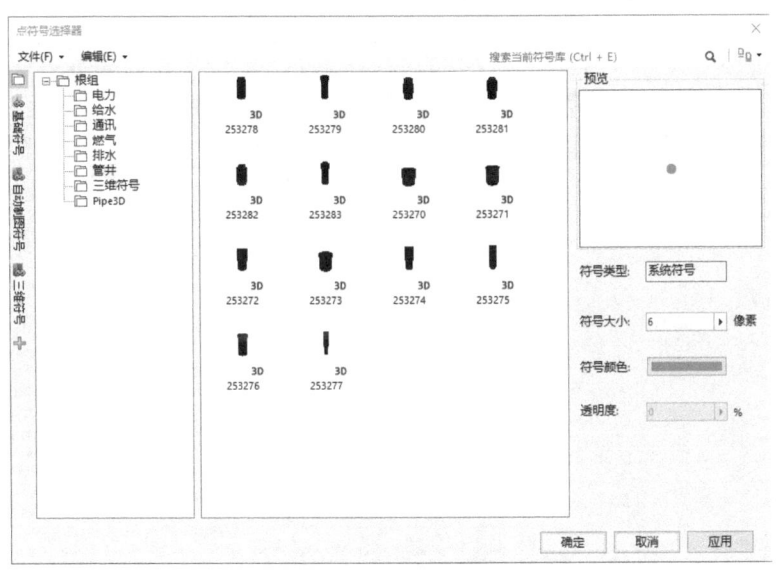

图 7-8　地下管网管件的专用模型库

7.3.3　管网自适应渲染参数

地下管线数据均由点、线两个要素图层构成,管点所涉及重要特征包括:点符号代码、位置分布等;管段所涉及重要特征包括:管线形式、具体埋深数据、材料类型等,除以上提到的一些重要属性特征,管网自适应渲染还需要三维符号 ID、线宽和旋转角度、缩放倍数等参数作为自适应渲染参数,由于此类参数映射实体对象的不同几何属性,所以对于自适应建模过程中渲染具有十分重要的意义[60]。渲染时可以直接对相关参数进行修正,进而调整管点、管线方案。而对于管线、管点 3D 可视化,很大程度上取决于表 7-1 和表 7-2 中的渲染指标。

表 7-1 管线自适应渲染参数表

序号	自适应参数	类型	备注
1	MarKerSymbolID	Int32	管线三维模型
2	LineColor	Char	线颜色
3	LineWidth	Int32	线宽

表 7-2 管点自适应渲染参数表

序号	自适应参数	类型	备注
1	MarKerSymbolID	Int32	接头三维模型
2	MarKer3DRotateX	Double	绕 X 轴旋转角度
3	MarKer3DRotateY	Double	绕 Y 轴旋转角度
4	MarKer3DRotateZ	Double	绕 Z 轴旋转角度
5	MarKer3DScaleX	Double	绕 X 轴缩放倍数
6	MarKer3DScaleY	Double	绕 Y 轴缩放倍数
7	MarKer3DScaleZ	Double	绕 Z 轴缩放倍数

在自适应建模中,管线、管点 3D 渲染都需要运用以上参数。同时参数通过属性的模式进行记录、保存,并与管线等部分属性信息共同保存在属性表中,如图 7-9 和图 7-10 所示。

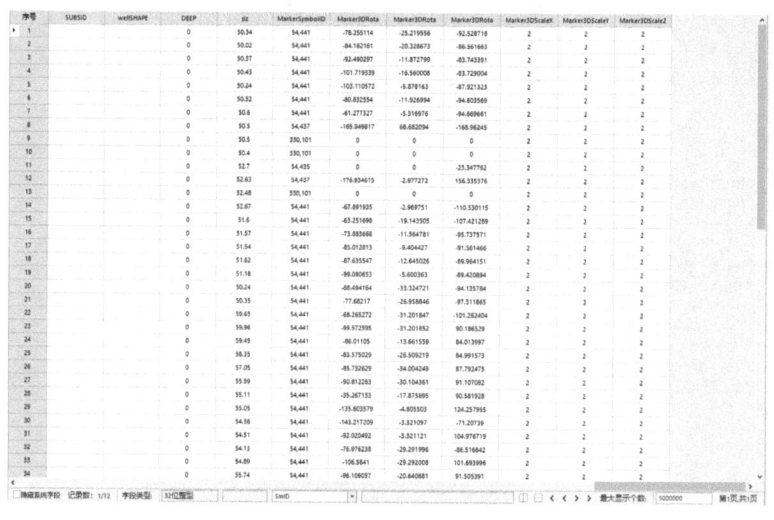

图 7-9 部分管点属性表

序号	S_EXP	E_EXP	S_X	S_Y	E_X	E_Y	startz	endz	linecolor	linewidth	LineSymbolID
1	TQ48116	TQ48117	4,294,792.03	487,292.25	4,294,797.65	487,294.69	52.63	52.7	#CC9933	0.4	962,048
2	TQ48115	TQ48116	4,294,789.97	487,298.4	4,294,792.03	487,292.25	52.48	52.63	#CC9933	0.1	962,048
3	TQ48114	TQ48116	4,294,786.46	487,290.15	4,294,792.03	487,292.25	52.67	52.63	#CC9933	0.4	962,048
4	TQ48113	TQ48114	4,294,749.23	487,279.15	4,294,786.46	487,290.15	51.6	52.67	#CC9933	0.4	962,048
5	TQ48112	TQ48113	4,294,726.15	487,275.59	4,294,749.23	487,279.15	51.57	51.6	#CC9933	0.4	962,048
6	TQ48111	TQ48112	4,294,707.34	487,273.78	4,294,726.15	487,275.59	51.57	51.57	#CC9933	0.4	962,048
7	TQ48110	TQ48111	4,294,682.05	487,273.45	4,294,707.34	487,273.78	51.62	51.54	#CC9933	0.4	962,048
8	TQ4898	TQ48110	4,294,670.85	487,273.21	4,294,682.05	487,273.45	51.18	51.62	#CC9933	0.4	962,048
9	TQ4898	TQ4897	4,294,604.41	487,279.23	4,294,670.85	487,273.21	50.34	51.18	#CC9933	0.4	962,048
10	TQ4899	TQ4898	4,294,550.63	487,285.36	4,294,604.41	487,279.23	50.35	50.34	#CC9933	0.4	962,048
11	TQ48100	TQ4899	4,294,500.13	487,290.9	4,294,550.63	487,285.36	50.34	50.35	#CC9933	0.4	962,048
12	TQ48101	TQ48100	4,294,459.6	487,295.4	4,294,500.13	487,290.9	50.02	50.34	#CC9933	0.4	962,048
13	TQ48102	TQ48101	4,294,436	487,298.07	4,294,459.6	487,295.4	50.37	50.02	#CC9933	0.4	962,048
14	TQ48103	TQ48102	4,294,403.03	487,301.5	4,294,436	487,298.07	50.43	50.57	#CC9933	0.4	962,048
15	TQ48104	TQ48103	4,294,391.28	487,302.03	4,294,403.03	487,301.5	50.24	50.43	#CC9933	0.4	962,048
16	TQ48105	TQ48104	4,294,367.46	487,299.21	4,294,391.28	487,302.03	50.32	50.24	#CC9933	0.4	962,048
17	TQ48106	TQ48105	4,294,356.84	487,296.34	4,294,367.46	487,299.21	50.6	50.32	#CC9933	0.4	962,048
18	TQ48107	TQ48106	4,294,346.71	487,293.26	4,294,356.84	487,296.34	50.5	50.6	#CC9933	0.4	962,048
19	TQ48108	TQ48107	4,294,346.66	487,292.51	4,294,346.71	487,293.26	50.5	50.5	#CC9933	0.4	962,048
20	TQ48109	TQ48107	4,294,349.13	487,283.3	4,294,346.71	487,293.26	50.4	50.5	#CC9933	0.2	962,048
21	TQ52137	TQ52138	4,295,609.16	487,373.05	4,295,671.54	487,361.7	59.65	59.96	#CC9933	0.4	962,048
22	TQ52138	TQ52139	4,295,671.58	487,361.7	4,295,698.74	487,358.58	59.96	59.65	#CC9933	0.4	962,048
23	TQ52139	TQ52140	4,295,698.74	487,358.58	4,295,751.65	487,354.58	59.65	58.35	#CC9933	0.4	962,048
24	TQ52140	TQ52141	4,295,751.65	487,354.58	4,295,819.69	487,351.28	58.35	57.05	#CC9933	0.4	962,048
25	TQ52141	TQ52142	4,295,819.69	487,351.28	4,295,879.08	487,349.34	57.05	55.59	#CC9933	0.4	962,048
26	TQ52142	TQ52143	4,295,879.08	487,349.34	4,295,915.63	487,349	55.59	55.11	#CC9933	0.4	962,048
27	TQ52143	TQ52144	4,295,915.63	487,349	4,295,923.78	487,342.36	55.11	55.05	#CC9933	0.4	962,048
28	TQ52145	TQ52146	4,295,993.67	487,358.65	4,296,000.03	487,362.92	54.36	54.51	#CC9933	0.4	962,048
29	TQ52147	TQ52148	4,296,074.68	487,380.77	4,296,133.16	487,391.08	54.13	54.89	#CC9933	0.4	962,048
30	TQ52148	TQ52149	4,296,133.16	487,391.08	4,296,174.46	487,394.51	54.89	55.74	#CC9933	0.4	962,048
31	TQ52144	TQ52150	4,295,923.78	487,342.36	4,295,974.02	487,353.75	55.05	54.28	#CC9933	0.4	962,048
32	TQ52150	TQ52145	4,295,974.02	487,353.75	4,295,993.67	487,358.65	54.28	54.36	#CC9933	0.4	962,048
33	TQ52150	TQ52151	4,295,974.02	487,353.75	4,296,041.57	487,353.22	54.28	54.51	#CC9933	0.4	962,048
34	TQ52146	TQ52153	4,296,000.03	487,362.92	4,296,041.57	487,372.83	54.51	54.3	#CC9933	0.4	962,048

图 7-10 部分管线属性表

7.3.4 地下管网三维可视化实现

本书使用 SuperMap 工作空间存储三维管网矢量数据,将每类管网组成的三维网络根据自适应渲染参数进行渲染,从而实现管网三维可视化。三维管网可视化效果如图 7-11 所示。

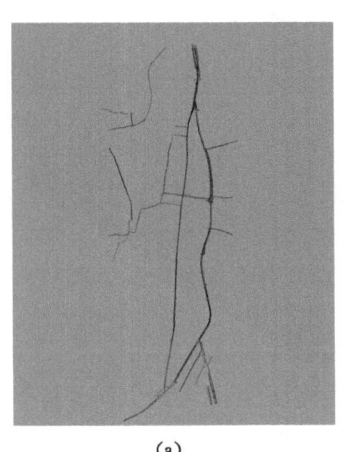
(a)

(b)

图 7-11 三维管网模型可视化效果图

采取 SuperMap 自适应建模方式,所创建的管网模型更为可靠,可以更加直观地体现出管线分布位置与彼此之间的关系,和过去的建模方式相比较,可以减少时间和成本投入,后续维护管理等工作更加方便。

8 基于 SuperMap 的长辛店棚改 3DGIS 平台实现

8.1 实景三维平台服务搭建

8.1.1 SuperMap iClient3D for WebGL 平台简介

作为一项重要的 WebGL 解决方案,基于 Cesium 开源结构,面向 HTML 5 的三维客户端设计平台,具有良好的功能表现,一般用于构建无插件,还有跨操作系统等多种三维空间应用。

该平台根据 S3M 数据标准,可对多源 GIS 空间信息进行处理,给客户带来海量信息的承载性能以及多样化的 3DGIS 功能[61]。比如进行交互操作、目标搜索、飞行漫游等,还可以执行通视分析、可视域分析等任务。丰富多变的 3D 特效,同样是它的优势,为此赢得了诸多用户的青睐。

随着其功能的丰富和拓展,该平台如今已经应用到水利设施、国土监测、旅游开发等项目中,充分发挥了其价值。

8.1.2 SuperMap iServer 平台简介

SuperMap iServer 属于云 GIS 平台的代表性产品,具有一体化服务发布、管理操作等功能,同时可以结合实际需求进行深入开发。此次系统设计中,主要运用 SuperMap iServer 10i 版本。

SuperMap iServer 的一个显著优势是跨平台运行,还具有海量空间,可以对大数据信息妥善保存[62]。内部设定分布式存储方案与目录设计,便于用户查找和数据管理。借助分布式分析服务与相关技术,实现优越的大数据分析功能;基于 Spark Streaming 运行库的可靠平台,实现高效的实时处理能力。此外,其还具备三维模型展示、三维空间分析等服务功能。

该平台通过服务的方式对不同功能模块进行封装处理,进而具有地图功能、数据功能等多样化功能表现[63]。此次系统开发,高度利用 SuperMap iServer 所设置的三维功能,进而实现三维服务、空间分析服务等功能。三维服务基于浏览过程中的 LOD 级别,从而配套不同的三维著作件,具有三维场景等服务功能,而三维服务也是系列功能中最基本的一种;三维数据可以反馈一定范围中特定数据集中的信息,给三维程序带来数据查询的支持;而三维空间分析可以执行三维布尔运算等多种处理,在结束三维运算处理后对结果进行反馈,并在客户端及时呈现。

8.1.3 三维场景搭建及三维服务发布

本书利用古镇长辛店三维实景模型、宗地矢量图、地下管网数据等,通过倾斜摄影测量技术、数据库技术、Revit 三维仿真技术、BIM 和 3DGIS 融合等技术，基于 SuperMap iDesktop 10i 桌面平台搭建三维球面场景。

　　如今，实景模型一般是以全球标准性格式 ＊.osgb 保存。SuperMap 平台为改善客户端处理和浏览体验，自主开发一类便于拓展的实景模型数据格式。所以相关平台在实景模型数据发布时，需要在相应软件中完成数据信息格式转化过程，根据元数据获得对应配置著作件(＊.SCP)，如图 8-1 所示。

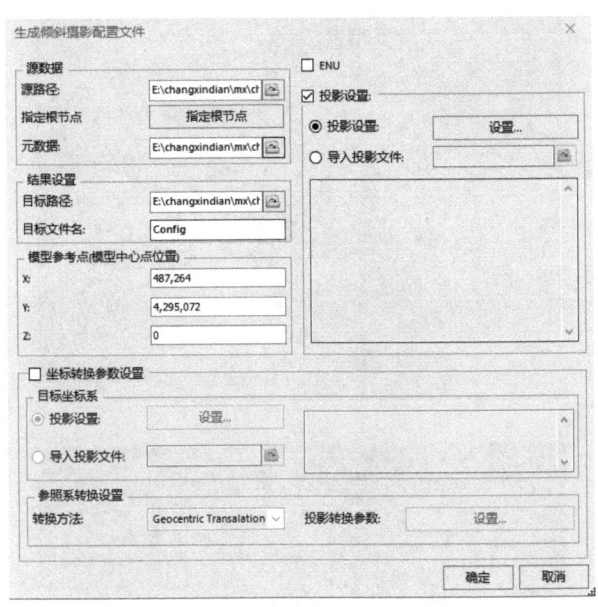

图 8-1　生成配置著作件

　　三维模型进行格式转换和配置著作件生成后，在 SuperMap iDesktop 10i 软件中新建三维球面场景加载实景模型、地下管网模型、古建筑 BIM 模型。压缩三维场景并生成场景缓存著作件(＊.S3M)，生成场景缓存，如图 8-2 所示。

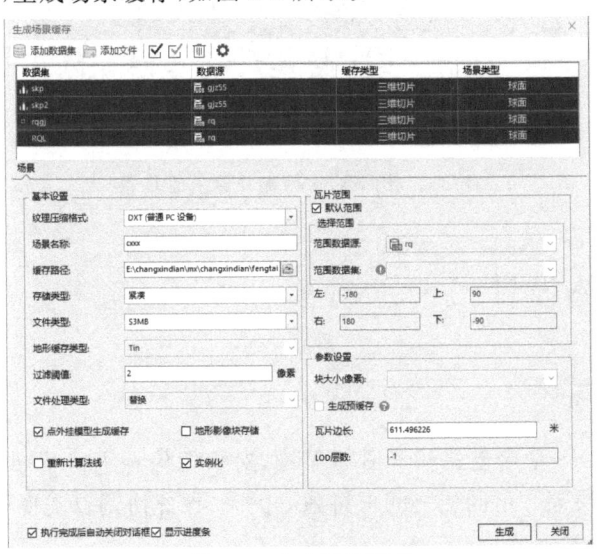

图 8-2　生成场景缓存

使用 SuperMap SDX＋空间数据库引擎管理空间数据，并使用 SuperMap iServer 10i 服务器实现地理空间服务发布三维服务，为后续基于 B/S 架构的客户端系统开发充分奠定基础，最后通过 SuperMap iClient3D for WebGL API 接口加载地上、地下、古建筑 BIM 一体化长辛店古镇棚户区三维场景，如图 8-3 所示。

(a)

(b)

图 8-3　长辛店古镇棚户区三维场景

8.2　系统总体设计

8.2.1　系统架构设计

长辛店棚改 3DGIS 平台创建基于 B/S 架构，对数据信息进行管理与维护，其逻辑框架划分成应用层、服务层等。不同层之间保持独立关系，彼此协调以实现预期功能。系统结构如图 8-4 所示。

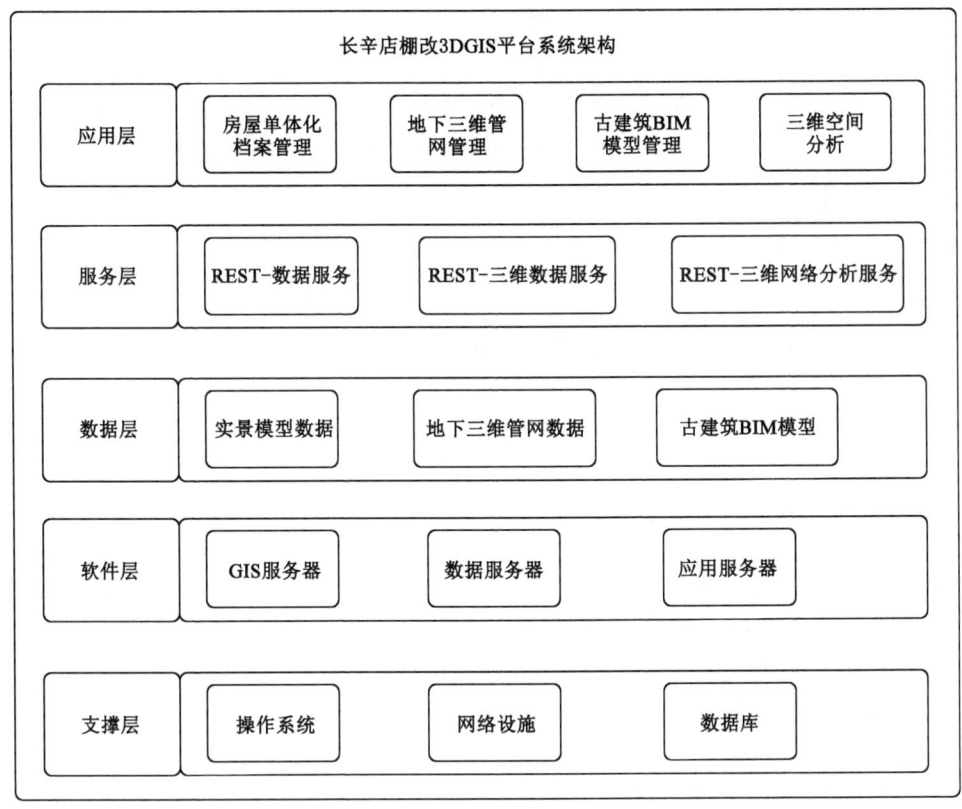

图 8-4 系统架构图

（1）应用层,基于用户实际需要差异化设置功能,用户传递请求到软件层,获得服务,处理结果将会及时得到反馈。

（2）服务层,一般是对二三维数据内容进行封装处理,获得相应服务。基于应用层需求,将不同类型数据转化后进行发布。

（3）数据层,主要是用来保存相关实景模型以及对各种古建筑 BIM、程序工作的缓存信息等进行妥善保存。

（4）软件层,主要包括 GIS 服务器、数据服务器等内容。

GIS 服务器是指 SuperMap iDesktop 10i 桌面产品和 SuperMap iServer 软件服务端产品。SuperMap iDesktop 10i 软件主要用以预处理数据,SuperMap iServer 软件主要将SuperMap iDesktop 10i 软件处理过的数据发布为 REST 服务。

数据服务器一般用来保存本系统数据信息,比如保存二维矢量面数据 *.udb 数据集。

应用服务器需要对相关的项目功能进行部署设计,运行后可以随时被调用,满足实际需求。

（5）支撑层,即用户在平台工作过程中不可缺少的各种硬件以及软件环境,比如局域网的构建、计算机设备、系统软件以及其他必备的相关软件程序等。

8.2.2 前端系统架构设计

前端架构层次如图 8-5 所示,总共分为 5 层。

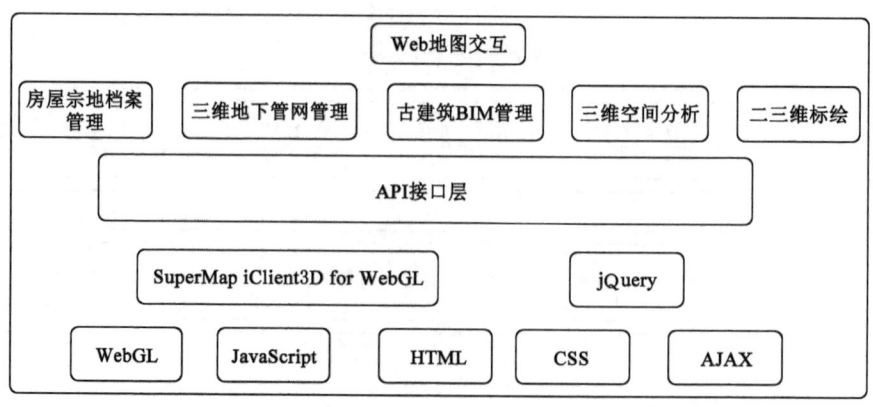

图 8-5　前端系统架构设计

第 1 层为前端底层技术,包括 WebGL、JavaScript、HTML、CSS 和 AJAX 技术,是整个 3DGIS 系统的前端基础。

第 2 层为 SuperMap iClient3D for WebGL 和 jQuery 类库。SuperMap iClient3D for WebGL 是地理信息数据可视化引擎,用来可视化地理信息数据。jQuery 是一个简洁的 JavaScript 框架,能够快速操作和选取 HTML 元素和实现 AJAX 异步传输数据。

第 3 层为封装了 SuperMap iClient3D for WebGL 和 jQuery 接口,利于上层更方便调用接口。

第 4 层为功能模块层,基于第三层封装的接口实现功能模块。实现的功能有房屋宗地管理、三维地下管网管理、古建筑 BIM 管理、三维空间分析、二三维标绘。

第 5 层为和用户交互,监听用户与系统交互操作,接受用户的查询命令。

8.2.3　系统功能模块设计

长辛店棚改 3DGIS 平台的主要功能包括系统工具模块、系统导航、测量工具、三维空间分析、房屋宗地管理、历史建筑管理、地下管网管理、规划分析、三维数据输出。按照实际需求,可以对不同功能进行更具体的划分,从而得到各项子功能。具体模块设计和划分情况如图 8-6 所示。

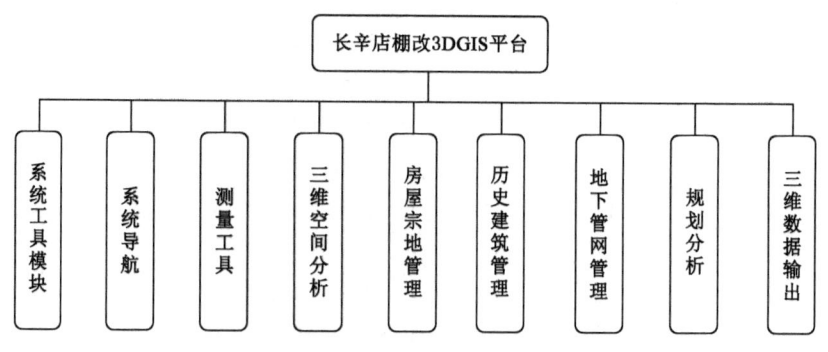

图 8-6　系统功能模块

北京市长辛店棚改 3DGIS 平台采用传统软件界面设计模式,可划分为三大视图空间,自上而下分别为菜单栏、工作空间、图层控制树。通过 HTML5＋CSS3 建立系统界面。菜单栏与图层控制树使用 Element 插件制作,使界面设计更加美观,操作更加方便。在工作空间中,加载 SuperMap 三维地球场景控件,用于显示三维场景数据。系统主界面如图 8-7 所示。

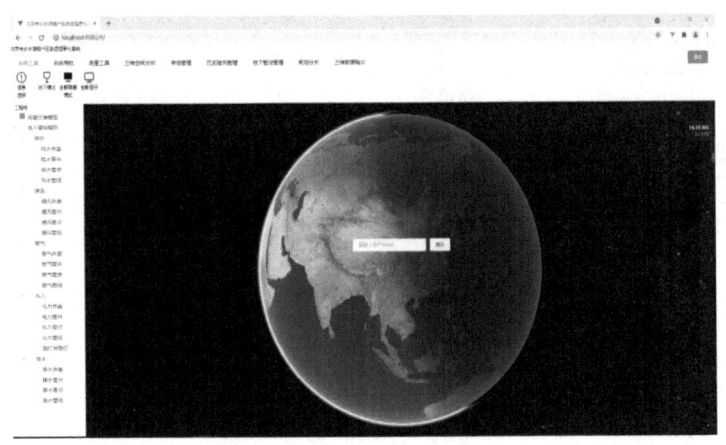

图 8-7　系统主界面

8.3　数据库设计

北京市长辛店棚户区改造信息化系统的数据库涉及数据主要有三个部分:管线数据、实景模型数据、三维产权体数据。为充分保障数据库的统一性、可行性,设计为相同的坐标系、编码原则以及属性信息。具体而言,不管是地理坐标系还是平面坐标系,都需要保持一致,这样才能保障各个要素的连续性、协调性。对于相同的地物目标,需要对应一致的编码,否则后续会面临逻辑错误问题。相同的地物目标在各个比例尺上虽然可以采用多种方式描述,不过其属性应该是一致的。

8.3.1　数据库的选择

在该项设计中,需要运用 SuperMap iDesktop 10i 来保存数据信息。因为所在地并未建设相应的数据库,同时部分区域的已有报表系统与数据信息的格式不匹配,造成数据库结构出现了明显出入,难以直接被系统运用,所以要进行统一和协调处理。属性数据库全面保存了不同地物、数量、公共设施的资料信息。空间信息与属性内容利用编号来创建联系,实现查询、分析等功能。

8.3.2　三维产权体数据库设计

根据房屋矢量数据将实景模型中的建筑物进行动态单体化。单体化便将建筑物的所有属性信息录入建筑物,方便用户查询。

地图数据库的属性信息主要是录入的建筑物属性信息,对建筑物相关的信息及户主信息进行调查、整理、核查,录入建筑物图层的属性表,并建立相应的表格数据和图片数据,建立用户宗地信息库,可以实时查询用户信息,主要是调查用户房产证、土地证、户口本、身份证、宗地界线,建立电子表格信息[64]。建筑物主要包括表 8-1 所示数据结构。

表 8-1 房屋信息表数据结构

序号	字段名称	类型	宽度	小数位	内容
1	HZ	字符	10		户主
2	XH	数值	10		序号
3	DAID	字符	10		档案 ID
4	BBQR	字符	10		被搬迁人
5	FBDZ	字符	50		房本地址
6	SJZL	字符	50		实际坐落
7	FWXZ	字符	5		房屋性质
8	ZZJS	数值	5		拆迁证载间数
9	SFZZMJ	数值	10		拆迁私房证载面积
10	GFSYMJ	数值	10	2	拆迁公房使用面积
11	GFJZMJ	数值	10	2	拆迁公房建筑面积
12	YZJS	数值	10	2	测绘有证间数
13	YZMJ	数值	10	2	测绘有证面积
14	WZJS	数值	10	2	测绘无证间数
15	WZMJ	数值	10	2	测绘无证面积
16	ZJJS	数值	10	2	测绘自建间数
17	ZJMJ	数值	10	2	测绘自建面积
18	EC	数值	1	2	二层
19	PGSFYZMJ	数值	10	2	评估私房有证面积
20	PGSFWZMJ	数值	10	2	评估私房无证面积
21	PGGFYZMJ	数值	10	2	评估公房有证面积
22	DAZT	字符	10		档案状态
23	JFQK	数值	1		交房情况
24	QYQK	数值	1		签约情况
25	QYJF	数值	1		全院交房
26	XQY	数值	1		新签约

8.3.3 地下管网数据库设计

地下管线数据是表示管线分布与对应属性特征的内容[65]。此次项目涉及的管线名称与代码见表 8-2。

表 8-2 地下管线分类表

管线大类		管线子类	
名称	代码	名称	代码
给水	JS		

表 8-2(续)

管线大类		管线子类	
名称	代码	名称	代码
排水	PS	污水	WS
		雨水	YS
热力	RL		
燃气	RQ	煤气	MQ
电力	DL	供电	GD
		路灯	LD
通信	TX	移动	YD
		联通	LT
		网通	WT
		铁通	TT
		电信	DX

　　每一类管网均由管点和管线组成。具体而言,管点代表一段管线的开始点或者终点的位置;而管线的开始点或者终点,需要存在同类管点表中。

　　管网属性数据录入:其数据表结构可以划分成点结构、线结构两类,而管线数据结构表主要用来表示管线属性特征,具体需要满足表 8-3 要求。

表 8-3　管线数据结构

序号	字段名称	类型	宽度	小数位	内容
1	Prj_No	字符	10		测区号
2	S_Exp	字符	10		起点物探点号
3	S_X	数值	10	3	起点 X 轴坐标
4	S_Y	数值	10	3	起点 Y 轴坐标
5	S_Deep	数值	2	2	起点管线埋深
6	E_Exp	字符	10		下一点物探点号
7	E_X	数值	10	3	下一点 X 轴坐标
8	E_Y	数值	10	3	下一点 Y 轴坐标
9	E_Deep	数值	2	2	下一点管线埋深
10	Type	字符	8		管线种类
11	Material	字符	8		管线材质代码
12	PSize	字符	20		管径或断面尺寸
13	Voltage	字符	8		电压
14	Pressure	字符	8		压力
15	CabNum	数值	3		电缆条数

表 8-3（续）

序号	字段名称	类型	宽度	小数位	内容
16	TotalHole	数值	3		总孔数
17	FlowDir	数值	2		排水流向（0 为起点到下一点；1 为下一点到起点）
18	Road	数值	5		道路名称代码
19	EmBed	字符	8		埋设方式
20	MDate	日期			建设年代
21	Belong	字符	4		权属单位代码
22	SUnit	字符	4		探测单位代码
23	SDate	日期			探测日期
24	Note	字符	50		备注

管点数据结构表用于描述管线点相关属性，数据结构应符合表 8-4 要求。

表 8-4　管点数据结构

序号	字段名称	类型	宽度	小数位	内容
1	Prj_No	字符	10		测区号
2	Map_No	字符	8		图上点号
3	Exp_No	字符	10		物探点号
4	X	数值	10	3	X 轴坐标
5	Y	数值	10	3	Y 轴坐标
6	High	数值	7	2	地面高程
7	Offset	字符	8		管偏
8	X1	数值	10	3	由管偏计算的管线 X 轴坐标
9	Y1	数值	10	3	由管偏计算的管线 Y 轴坐标
10	Code	字符	6		点符号代码
11	Feature	字符	15		特征
12	Subsid	字符	15		附属物
13	SurfBldg	字符	15		地面建（构）筑物
14	Belong	字符	4		权属单位代码
15	MDate	日期			建设年代
16	TFH	字符	10		图幅号
17	SUnit	字符	4		探测单位代码
18	SDate	日期			探测日期
19	Note	字符	50		备注

8.4   系统主要功能展示与实现

8.4.1   空间测量功能

平台具有量测功能,用户可以根据需要测定纵向、横向以及空间中的距离,同时可以对不同位置点之间的整体长度以及合围面积进行精确测定。空间量测模块事件流如图 8-8 所示。面积量测如图 8-9 所示。

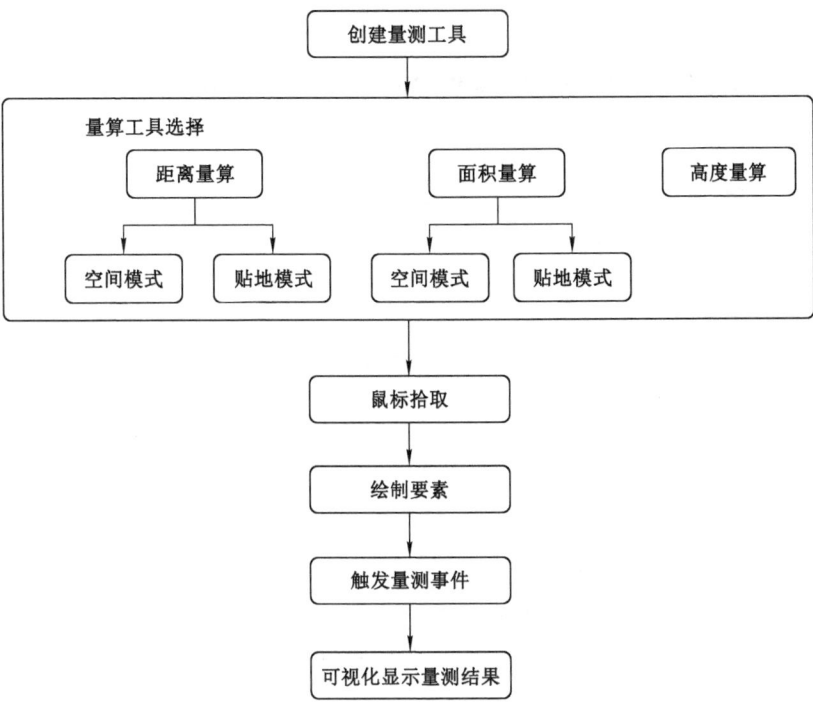

图 8-8   空间量测模块事件流

图 8-9   面积量测

8.4.2 拆迁房屋档案管理与棚改进度可视化

拆迁房屋档案管理将实景模型分层分户单体化处理,在 SuperMap iDesktop 10i 桌面端对实景模型与三维矢量面进行叠加处理,拆迁档案信息存储到三维矢量面属性表,楼房和平房三维矢量数据添加到三维球面场景图层。

使用 SuperMap iServer 地理服务器发布数据服务和三维服务,进入服务管理打开数据服务并找到数据源列表中的三维矢量数据集,在其 features 属性内就可以找到不同的三维矢量面属性信息,如图 8-10 所示,为接下来 WebGL 客户端空间查询与 SQL 查询做充分准备。

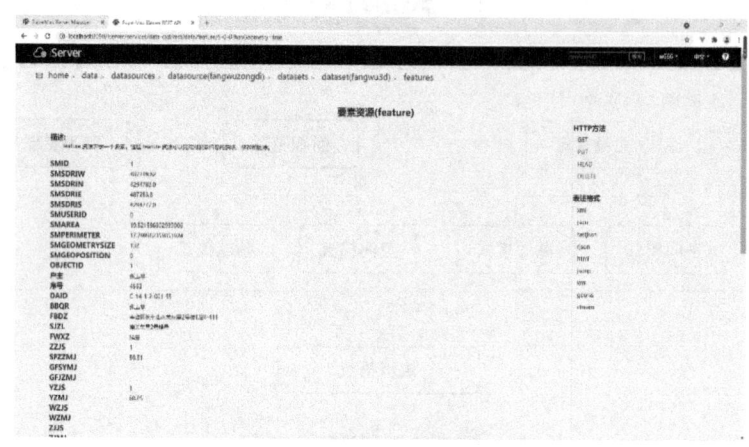

图 8-10　三维矢量面属性信息

前端实现实景模型单体化档案信息查询,通过数据源、数据集名称字段精准匹配并设置好相应的查询参数;使用 ajax 向后端服务器发送服务请求,根据返回的三维矢量面界址点数据绘制几何体,使其附着在实景模型表面,设置其透明度为 33%,并将返回属性数据可视化显示。

功能实现涉及 setPolygonoffset 和 setQueryParameter 接口,setPolygonoffset 接口主要用于查询拆迁户的位置并动态单体化高亮显示;setQueryParameter 接口主要用于查询鼠标点击位置的拆迁户详细档案信息。

(1)空间查询

空间查询主要是根据鼠标绘制的几何体,来查询几何体内的空间数据的属性信息。空间查询是空间分析的一个常用功能,也是每个二维、三维地图软件必备的功能。用户根据业务需求,可以快速了解指定区域的空间数据属性。

房屋空间查询主要是点查询,点击某一宗地,获取其档案信息和图形信息。空间查询流程图如图 8-11 所示。宗地查询如图 8-12 所示。

(2)属性查询

属性查询是通过用户前端输入 SQL 条件语句,使用 AJAX 技术将 SQL 语句上传至后端,在空间数据库中遍历,查询到满足特定条件的数据。将查询结果转换为 JSON 格式,最后将数据发送至前端。就是利用空间数据的属性信息查找到能够符合用户要求的空间数

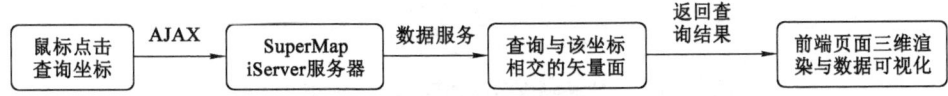

图 8-11　空间查询流程图

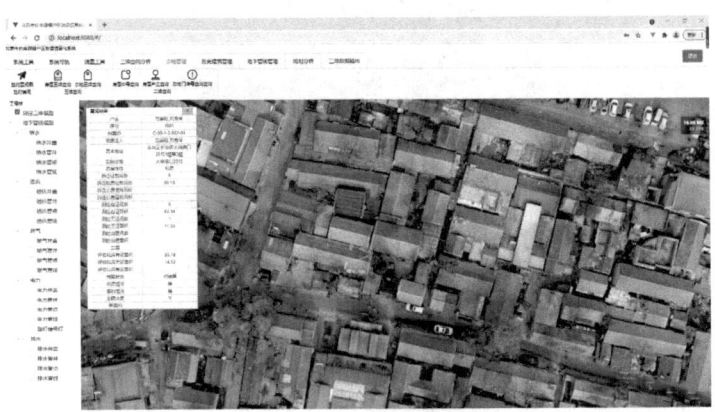

图 8-12　宗地档案查询

据,并高亮、居中显示,为后续的应用奠定基础。流程如图 8-13 所示。主要是 ID 号、户主名或门牌号,定位到对应位置,并获取档案信息,如图 8-14 所示。

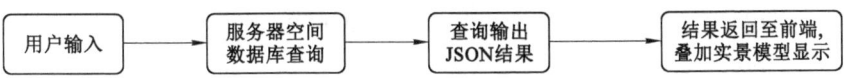

图 8-13　属性查询流程图

图 8-14　房屋 ID 查询

（3）棚户区改造工作进度可视化

通过构建三维专题图实现棚户区改造工作进度可视化,根据项目区拆迁户不同签约情况制作专题图,方便管理者和工作人员实时了解并掌握整体棚改进程,全局统筹规划,如图 8-15 所示。

图 8-15　棚户区改造工作进度可视化

8.4.3　三维空间分析功能

（1）淹没分析

实景模型精度较为理想,模型中地形的高度与真实地形地势较为接近,可以通过模型来仿真城市洪涝时的状态。借助平台来设定相应流水量、淹没速度等参数,更好地进行模拟分析。同时当达到指定参数值时,需要进行预警,对相关建筑提供及时保护。

淹没分析功能的实现主要通过 Cesium. HypsometricSetting()方法,对地物进行动态模拟变化,利用水位各点高差值,渲染不同深度颜色的水位深浅程度,模拟现实场景中的水淹效果,如图 8-16 所示。

图 8-16　淹没分析

（2）天际线分析

天际线是指为天空与观测点附近的表面和相关要素所分离的界限。这一项分析功能可以基于观测点的情况,形成一定场景范围中的楼层顶端边缘和天空的分离界限。利用这项分析技术,可以对一些不和谐、不协调的地物进行搜索和定位。天际线分析事件流如图 8-17 所示。天际线分析如图 8-18 所示。

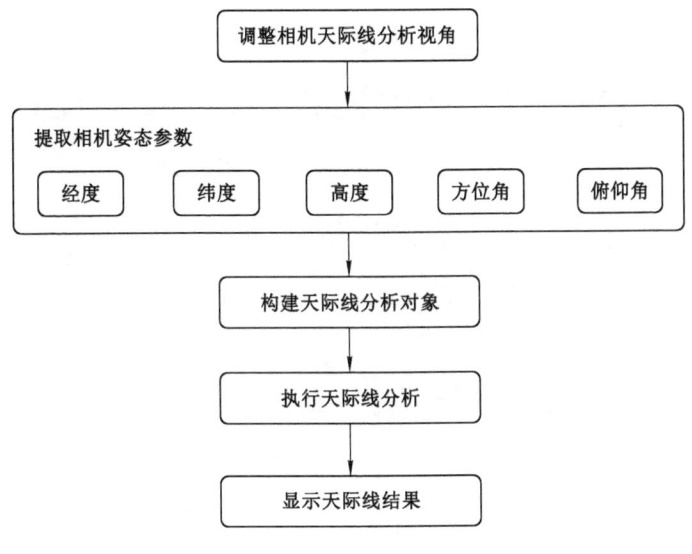

图 8-17 天际线分析事件流

图 8-18 天际线分析

（3）开挖分析

基于三维场景中特定区域范围,根据划分规则进行地形开挖,从而呈现管网设施情况,给项目施工团队带来更多的预测帮助,防止出现误挖管网情况。工作人员可以通过鼠标选中场景中的任何位置,随后通过划分多边形形式设定开挖范围,最后右键选中,这样就开始进行挖掘操作,如图 8-19 所示。

该项功能的实现可以总结为:用户在客户端环境中利用鼠标选中多个开挖位置,绘制相应的多边形平面,并获取不同位置屏幕坐标,通过引进相关函数完成转化过程。同时客户端传递请求到远端服务器中,后者通过接收到的开挖点的位置信息,创建相应的开挖范围,并对其中的地物模型裁剪。

（4）通视分析

该项分析需要用户设定具体的观察点与被观察点,前者和后者是一对多的关系,换而言之,一个观察点可以对多个目标对象进行分析。而一个观察点仅可以对一个目标展开分析。

图 8-19　开挖分析

分析结果根据相应的线路趋势可以划分为可见、不可见,绿色对应可见,红色对应不可见。

　　通视分析的实现是使用 SuperMap for WebGL 提供的 SightLine 类方法。首先在任意地方添加一个观察点,然后添加任意一个目标点,系统就会根据 SightLine 相关方法自动计算出这两个点之间的通视情况,如图 8-20 所示。

图 8-20　通视分析

　　(5)可视域分析

　　三维可视域分析是指在一定场景的地形或者模型表面,相较于特定位置点,基于某个角度以及特定范围,从而研究目标范围中的全部通视点集合。其研究获得的绿色部分在目标位置点处可以观察到,红色部分意味着在目标点处无法观察到。可视域分析事件流如图 8-21 所示。可视域分析如图 8-22 所示。

　　(6)日照及阴影率分析

　　该项分析基于一定位置的经纬度分布情况,计算该区域在一定阶段中可以被太阳直射的时间区间。另外,根据采样距离、采样频率等指标数值,获得特定范围的采光信息。采光数据即一定位置日照时间占全部时间的比例。日照分析的实现基于 GPU 分析日照,相较于基于数据的"日照分析",精度较低,但可以大范围分析。

　　详细实现路径:假定相机被放在光源位置,从该位置向地物看,会呈现相应的深度信息

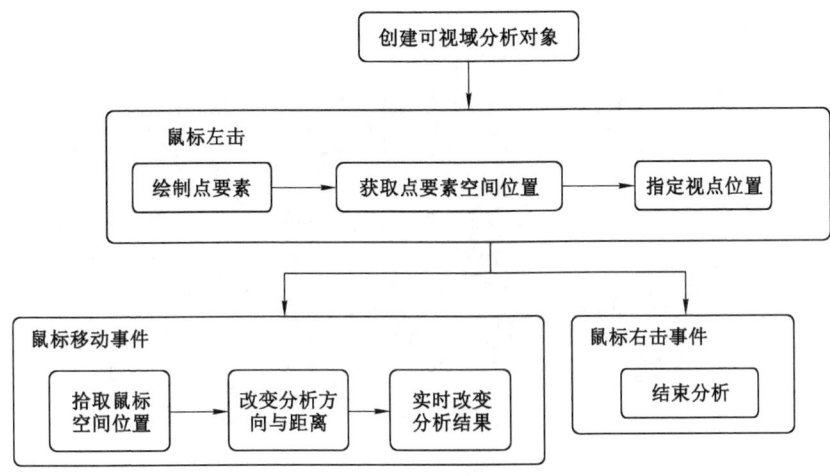

图 8-21 可视域分析事件流

图 8-22 可视域分析

图,也就是 ShadowMap。随后进行计算,将物体的深度值与深度信息图进行比较,假如前者数值更大,意味着出现了被遮挡的情形,此时呈现阴影。太阳特效发挥时就能够进行日照分析。

阴影率分析是一项很常用的三维空间分析功能,是对一定的空间在指定的时间范围内分析日照情况,如图 8-23 所示。

8.4.4 地下管网查询与横纵剖面分析

地下管网查询与横纵剖面分析主要是对地下管网与数据库的数据信息进行三维显示、查询等,功能较为全面。应用系统一般具有管网的精细化显示、查询、管网横纵剖面分析等主要功能。

(1)地下管网查询

地下管网查询的实现:通过要素相交的方式搜索和绘制与图像有关的地理要素,其含有点、线、面三种不同的搜索方式。假如进行线查询,在三维场景中画出一条线并将该线段的

图 8-23　日照分析

起始点与终点的屏幕坐标转化为空间坐标,将其包装成对象数据格式向服务器发送空间查询请求,服务器根据查询参数查询与该线段相交的所有管线属性数据并返回,前端对返回管线的属性数据进行显示。线查询如图 8-24 所示。

图 8-24　线查询

（2）横剖面分析

横剖面生成过程中,第一步需要绘制对应的剖面线,随后和管线段进行相交测试,按照交点分布以及相关的距离情况实施插值,这样就可以掌握交点的埋深数据。横剖面绘制流程如图 8-25 所示。

之所以进行横剖面分析,主要是为了全面地为用户呈现一定横截面中的管线分布状态,包括管线类型、材料性质、主管单位等。另外,还可以查询管线的埋深、位置坐标等。在掌握这些信息和分布特征后,在分析过程中将会更加形象、生动,最后的目标是为规划建设工作带来更多参考。因为掌握具体管线信息,在施工环节中就可以防止出现一些不必要的事故。参考图 8-26。案例不仅给出了各种管线的断面外观、空间分布等,还通过属性表形式呈现管线开始位置、终点位置、埋深等,信息详细、全面。

（3）纵剖面分析

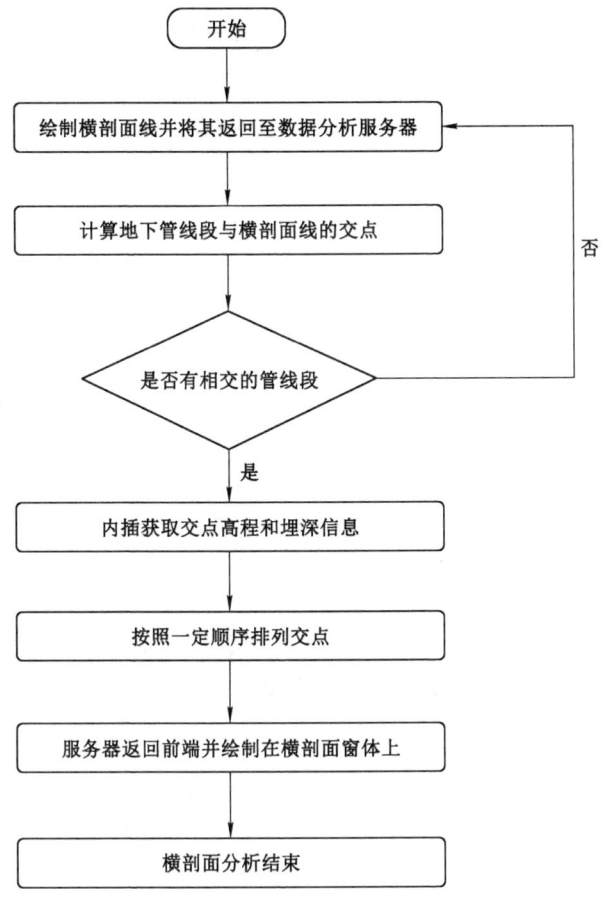

图 8-25　横剖面绘制流程

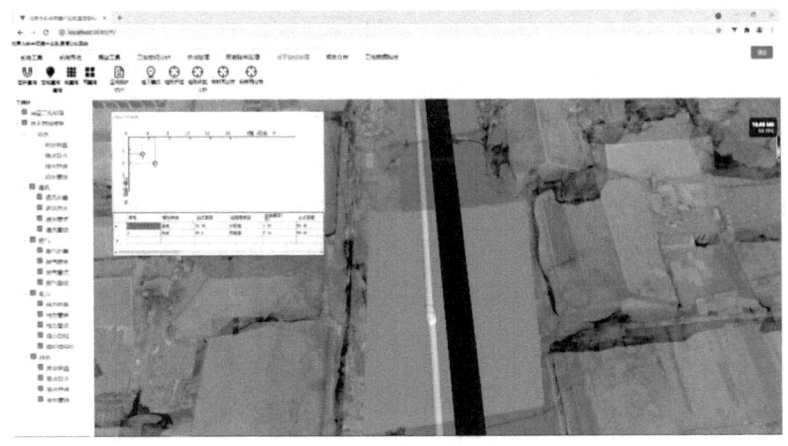

图 8-26　横剖面分析

　　绘制纵剖面过程中首先选择保持连接管线段,然后提取全部管线段端点数据,并根据相应顺序排列,最后对运算获得的坐标转换处理并绘制。纵剖面绘制流程如图 8-27 所示。

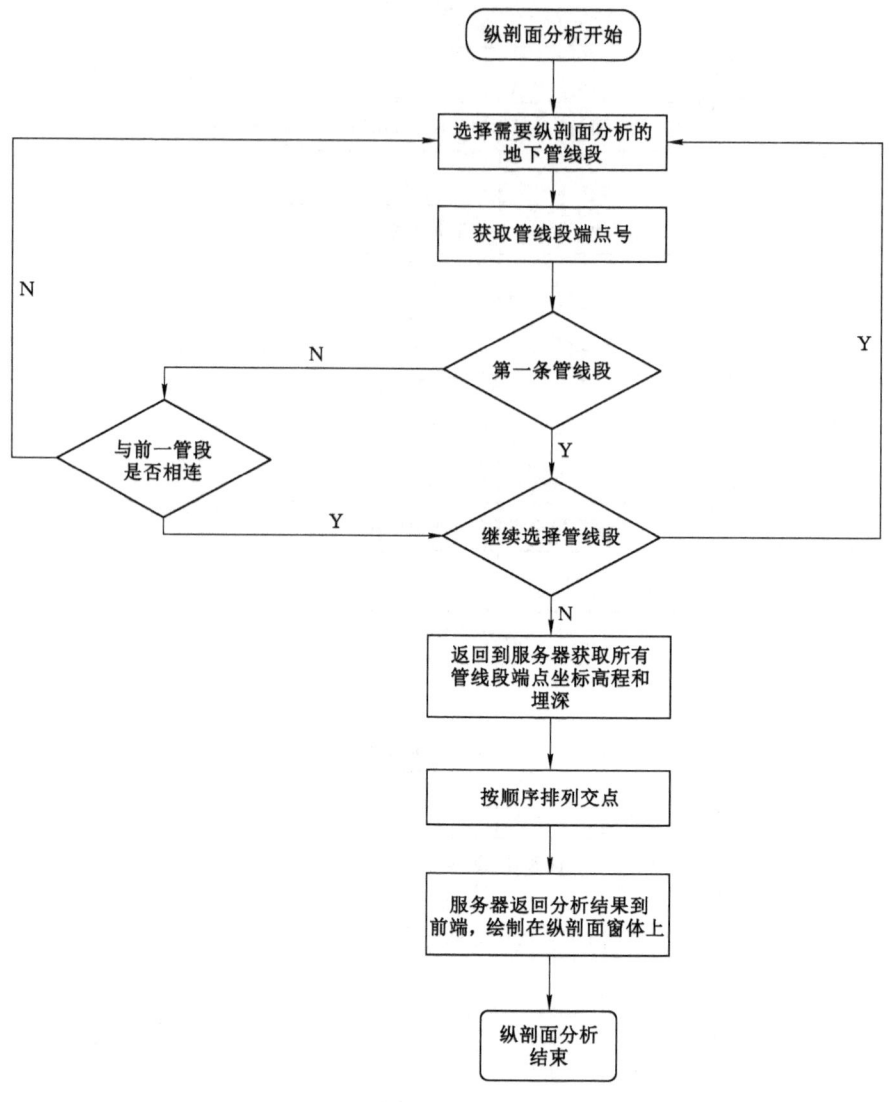

图 8-27　纵剖面绘制流程

　　纵剖面即顺着管线段走向的截面,通过纵剖面分析,可以更加直观地呈现管线段的走势。结合剖面图,有利于体现不同管线段的位置、高度以及埋深等。通过对纵剖面的分析,可以更好地了解和把握管线的走向趋势,以及其具体的属性信息,避免施工中出现不当损坏,如图 8-28 所示。

8.4.5　古建筑 BIM 融合 3DGIS 可视化显示与查询

　　(1) 古建筑 BIM 模型展示

　　古建筑 BIM 模型和实景模型的融合,一方面展示了模型的可视化,另一方面展示了信息的可视化,通过查看古建筑 BIM 模型及室内各类构件模型的图形、属性信息,详细了解 BIM 模型室内外的位置、外形、属性信息,实现建筑物的内外一体化查询,为古建筑数字化

图 8-28 纵剖面分析

保护提供数据支持。效果如图 8-29 和图 8-30 所示。

古建筑 BIM 融合 3DGIS 可视化显示的实现思路:将古建筑所在位置的实景模型进行压平镶嵌处理。用户向三维服务器通过 AJAX 发送添加古建筑 BIM 模型的服务请求,服务器响应请求后返回 BIM 的 S3M 缓存数据,系统客户端主要通过 scene.addS3MtilesLayerByScp()接口添加古建筑 BIM 模型,用户可以进行室内外一体化浏览和查询古建筑构建详细信息等。

图 8-29 BIM 模型展示

(2) 古建筑 BIM 模型内部构件查询

在棚改项目实施环节中,需要对一些具有重大价值的古建筑提供保护。此类建筑数据量大,涉及的数据类型较为复杂,需要创建相应信息管理平台,从而便于对此类数据信息进行更新、调整以及管理。其涉及的数据资料主要包括古建筑物理参数、历史资料、力学数据、著作献资料等,多种多样,可以让我们更加全面地了解古建筑的真实情况,并为后续的工作带来积极参考。古建筑构建信息查询事件流如图 8-31 所示。

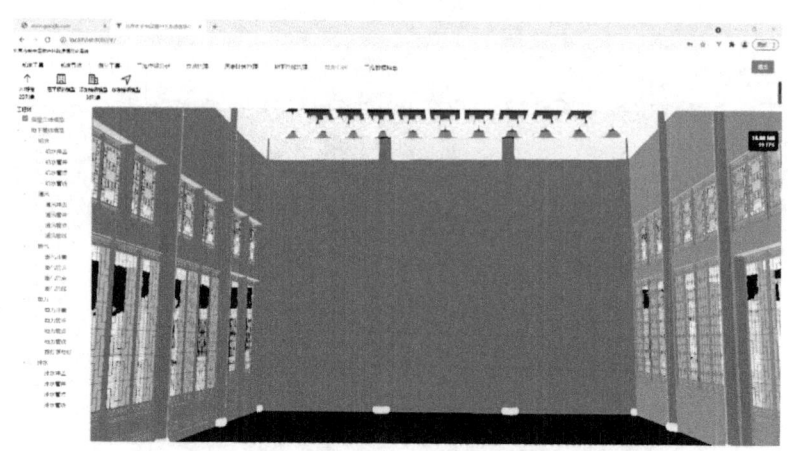

图 8-30　BIM 模型内部浏览

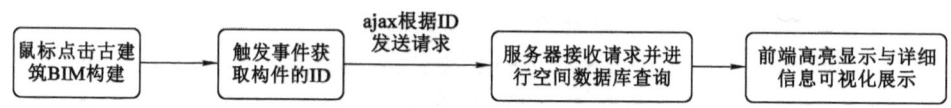

图 8-31　古建筑构建信息查询事件流

借助 BIM 技术创建相应信息模型,同时结合 3DGIS 信息管理平台实现对目标建筑各类档案的存储与管理,对传统建筑管理、维护等操作,带来更良好的信息化方式。古建筑 BIM 信息查询如图 8-32 所示。这对于我国古建筑的开发管理以及数字化保存具有重大价值,也是智慧城市建设过程中必不可少的一项工作,为城市规划增添更多的人著作元素。

图 8-32　古建筑 BIM 信息查询

8.4.6　二三维动态标绘

通过构建二三维一体化标号库,方便灵活地标绘二维、三维点标号和线、面标号,提供三维态势推演功能。二三维动态标绘事件流如图 8-33 所示,主要应用于棚户区改造中各部门的指挥调度方案和日常应急预案,结合三维场景进行图形标绘。通过提供的各类具有特殊意义的图形、模型标号,可以在三维场景中非常直观、准确地展现事件的处置方案,提高事件处置过程中会商和沟通的效率[66]。二三维动态标绘如图 8-34 所示。

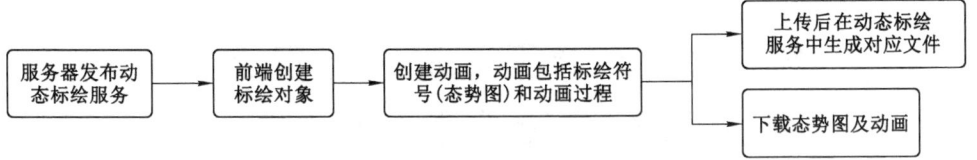

图 8-33　二三维动态标绘事件流

图 8-34　二三维标绘

9　阜新市老工业基地历史建筑 3DGIS 管理平台搭建

9.1　需求分析

本书的主要研究内容是历史建筑的 GIS 系统。GIS 属于决策系统,并具有信息系统的各种特点。历史建筑属于不可移动的著作物,其空间特征的表现正是 GIS 技术的优势[59]。

9.1.1　系统业务范围

本系统的业务范围为:

① 满足建筑保护管理部门的建筑信息管理需要;

② 为上级有关部门提供历史建筑保护的决策信息支持;

③ 为其他有关部门提供历史建筑的建筑保护信息数据。

而本系统所要管理的建筑保护信息管理数据主要包括:

① 历史建筑现状信息:建筑实景三维模型、建筑信息模型(BIM 模型)、历史建筑立面图等。

② 历史建筑历史信息:著作文献资料、历史相片、历史沿革等。

③ 历史建筑地理信息:地形图、相片影像、工程地质图等。

④ 历史建筑工程信息:历史留存工程图纸、著作书、报告,历史建筑修复工程相关资料等。

阜新市老工业基地历史建筑管理平台主要用于展示高精度纹理历史建筑模型的可视化,服务于政府规划建设部门,将阜新市具有历史气息的建筑清晰地展示在三维场景中,实现在可视化场景中对历史建筑进行虚拟浏览、精确测量、信息录入、信息查询等功能。其不仅可以更高效地对历史建筑附属信息进行管理,为城市建设提供历史建筑位置信息,还有利于历史著作化的传播和展示。

9.1.2　系统功能需求

对于历史建筑来讲,建筑周期的开始不是简单地从零开始,建立历史建筑管理平台不仅应用于历史建筑的管理保护,还应该为建立历史建筑保护区提供决策支持,传统的可视化并不能胜任。因此历史建筑管理平台需要更加多样的功能。

本次所需要的功能需求如下:

① 三维显示:展示纹理精细化后的实景三维模型、BIM 模型以及各类图形信息数据。

② 历史建筑资料的浏览与查询:给出历史建筑列表,并可以任意调取历史建筑的相关

详细资料进行浏览。

③ 按条件查询统计:按照对应的条件(如名称、年代、区域、保护级别等)进行查询并给出查询结果。

④ 数据管理功能:对数据库中的图片、影像等的管理维护功能。

⑤ 地理分析功能:通过对三维地理数据的处理,获取支撑决策的信息,如缓冲区分析、可视域分析等。

9.2 GIS 二次开发平台

随着地理信息系统的发展,出现了越来越多的先进的 GIS 软件,国外主流的地理信息平台有 ArcGIS、MapInfo 等。国内涌现了一大批优秀的地理信息系统。北京超图公司推出的 SuperMap 软件,其功能全面且强大[60]。本书选择 SuperMap 作为系统开发平台。

9.2.1 SuperMap 软件体系

SuperMap GIS 是北京超图软件有限公司研发的大型地理信息系统软件平台。其包括组件式 GIS 开发平台、移动 GIS 平台、WebGIS 平台、云 GIS 平台等及相关的空间数据分析管理工具[61-62]。SuperMap GIS10i 软件体系架构如图 9-1 所示。

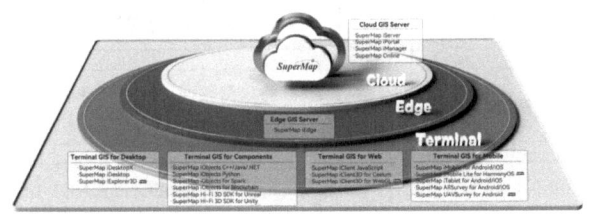

图 9-1　软件体系架构

9.2.2 SuperMap iObjects 二次开发

SuperMap iObjects. NET 是基于 Microsoft. NET 技术开发的产品,为用户提供基于 SuperMap 的组件式开发平台[63]。SuperMap iObjects. NET 支持所有. NET 开发语言,并具有非常丰富且强大的 GIS 功能,可以构建具有丰富功能的地理信息系统[64]。

9.3 系统总体设计

系统以阜新市 12 个历史建筑为研究对象,从模型纹理精细展示、模型构件清晰可分、历史建筑信息可查的角度出发,将三维建模技术、数据库构建技术、BIM 技术等与 3DGIS 结合起来。用无人机数据融合后的点云构建 BIM 模型,通过超图的基础平台搭建球面场景。系统底图选用本实验室制作的阜新市城区实景三维模型。该模型采用飞马 V10 无人机采集数据,模型分辨率为 3 cm。通过 VS 2017 开发平台,结合 SQL Server2008R2 数据库,该数据库可靠安全,并且具有良好的可扩展性,在办公效率方面也非常出色。本次系统设计采用

SuperMap iObjects.NET 10i 进行开发,利用 SuperMap SDX+空间数据引擎来管理数据,利用 C♯ 语言构建阜新市老工业基地历史建筑管理平台。

9.3.1 系统架构设计

构建基于多源数据融合 BIM 模型的阜新市老工业基地 GIS 平台,不仅方便有关部门使用该平台对阜新市的历史建筑进行三维浏览、查询、管理等,为历史建筑的保护提供决策支持,还有利于社会各界人士利用该平台领略阜新市历史建筑之美,了解阜新市历史著作化。该平台服务于城市的浏览宣传和规划领域,提升了历史建筑管理的信息化水平。

本系统是在 Windows10 操作系统下,遵循 C\S 架构开发过程中的标准规则,系统在逻辑上分为应用层、数据层、平台支撑层及设施层(图 9-2)。

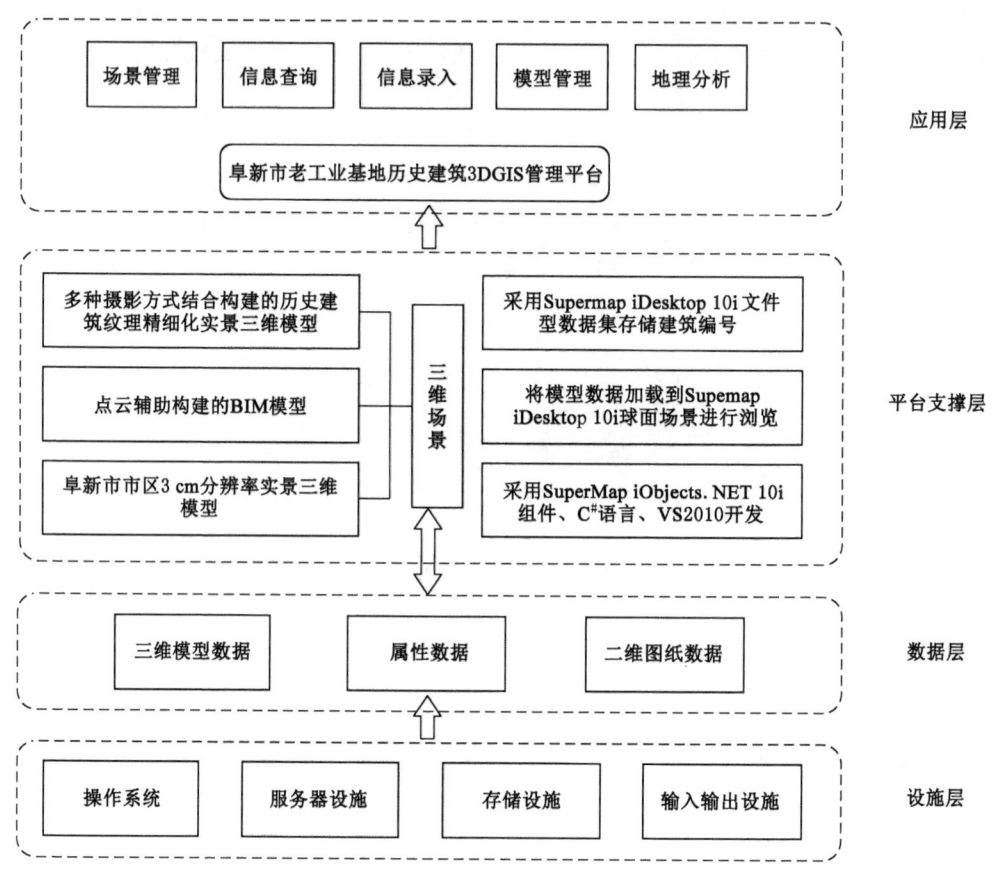

图 9-2 阜新市老工业基地历史建筑 3DGIS 管理平台架构设计

9.3.2 功能模块设计

阜新市老工业基地历史建筑管理平台功能是根据需求设计的,主要有场景管理、信息查询、信息录入、地理分析及模型管理等。其功能设计如图 9-3 和图 9-4 所示。

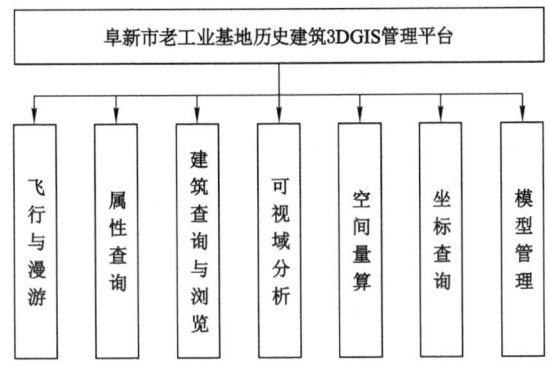

图 9-3　阜新市老工业基地历史建筑 3DGIS 管理平台功能设计

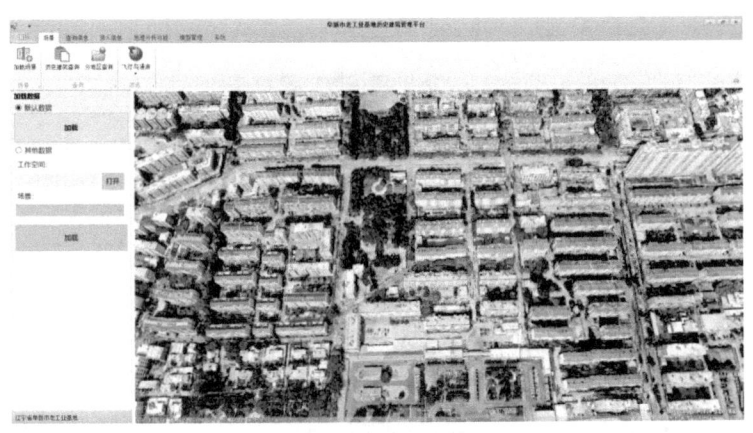

图 9-4　阜新市老工业基地历史建筑 3DGIS 管理平台

9.3.3　数据库设计

数据库建设一般遵循标准化及规范化原则、安全性原则、可扩展性原则等,在设计数据时要严格按照标准和行业规范,例如建立的数据库名称、表名称、字段名称等,均按照统一的标准创建。对于涉及保密性质的数据,需要加密处理。设计中要考虑后续数据的添加和拓展,建立的数据库要有合适的可扩展性。

对于历史建筑管理的要求,就是要快速、高效地调取建筑物的各项信息。以建筑物的各种数据作为基本数据,按照标准和规范整理入库,以此建立历史建筑的地理信息系统数据库。阜新市历史建筑的数据库构成如图 9-5 所示。数据库中属性数据的来源主要为阜新市住房和城乡建设局提供的及实地外业勘探所得,二维的图纸数据中立面图为模型量测结合实地量测进行绘制的,历史留存图纸由相关部门提供。

其中,历史建筑基础属性数据包括建筑详细地址、年代、建筑类别等;著作化属性包括核心保护因素、现状信息、建筑价值特色描述等;结构属性包括建筑材质、墙体厚度、窗体形状等。历史建筑反映了某个地区的一个时期的历史著作化风貌,因此数据库的设计需要将建

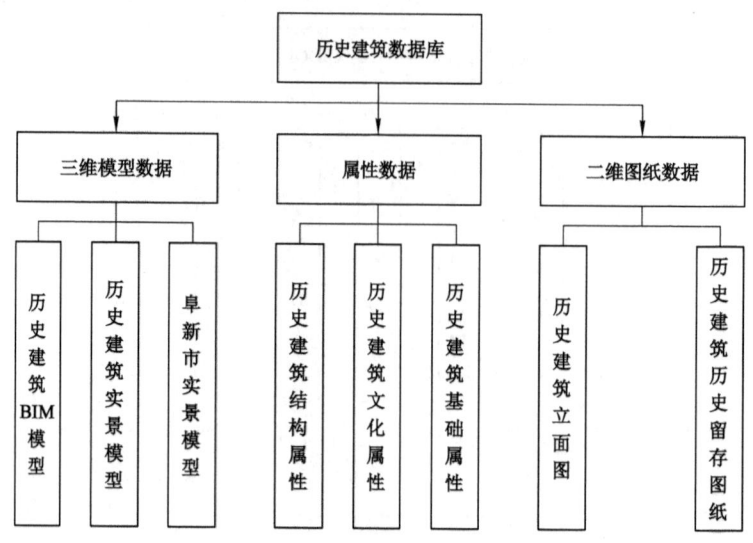

图 9-5　历史建筑数据库构成

筑物的信息都包括进去。表 9-1 为历史建筑的部分属性表。

表 9-1　历史建筑的部分属性表

序号	名称	代码	类型	长度	值域
1	建筑标识码	JZBSM	nvarchar	50	非空
2	建筑编号	JZBH	nvarchar	50	非空
3	建筑名称	JZMC	nvarchar	50	非空
4	建筑地址	JZDZ	Text	100	非空
5	建筑坐标	JZZZ	nvarchar	50	非空
6	建筑年代	JZND	nvarchar	50	非空
7	建筑类别	JZLB	nvarchar	50	非空
8	建筑价值	JZJZ	Text	100	非空
9	现状功能	XZGN	Text	100	非空
10	结构类型	JGLX	nvarchar	50	非空
11	建筑面积	JZMJ	nvarchar	50	非空
12	建筑主要立面图	JZZYLM	image		非空
13	建筑次要立面图	JZCYLM	image		非空
14	建筑右侧立面图	JZYCLM	image		非空
15	建筑左侧立面图	JZZCLM	image		非空
16	建筑俯视图	JZFST	image		非空
17	建筑区域码	JZQYDM	nvarchar	50	非空

9.4 系统功能模块详细设计

9.4.1 场景模块

场景模块是本系统的基础功能模块。地图场景模块分为四个部分:对三维场景进行打开、保存、关闭等基础操作;对三维场景中历史建筑的点选查询;对三维场景浏览的基础操作,如飞行与漫游、刷新、选择、显示帧率等;对三维场景中实景三维模型的量测功能,如量测空间距离、量测高度等功能(图 9-6)。

图 9-6 场景模块

（1）点选查询

点选查询功能的实现原理是对当前场景中需要查询的建筑进行标签单体化,对标签及数据库数据赋予相同的字段值来链接数据库对应数据,获取到的数据通过著作本框的对应关系生成气泡,展示建筑物的地址、年代等基础信息。具体实现如图 9-7 所示。

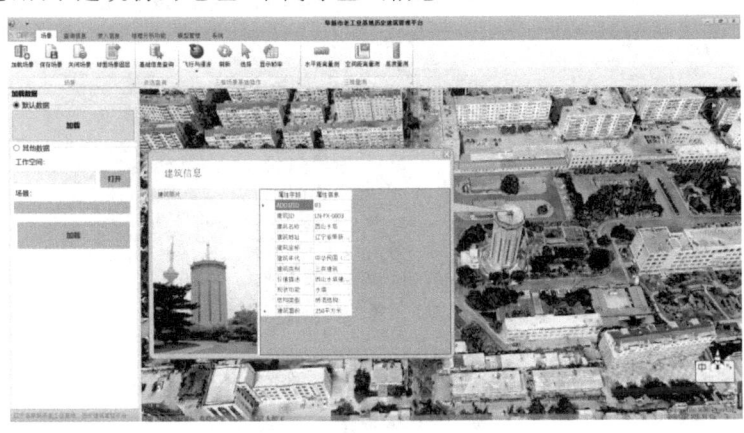

图 9-7 基础信息点选查询

（2）三维场景基础操作

三维场景基础操作功能主要实现对三维场景的浏览,其中飞行与漫游功能主要是实现用户在建筑浏览时的一个流畅体验,其原理是通过节点到节点的视角平移实现飞行,用户可以利用鼠标交互添加飞行节点和设置飞行,实现建筑的环绕浏览、建筑到建筑的自定义路径飞行浏览、全局俯视浏览等多种浏览方式(图 9-8)。

（3）三维模型量测功能

由于实景模型的精度越来越高,模型量测的精度也随之提高,三维量测功能可以使复杂建筑物的测量工作更加方便快捷,降低了外业测量时所需的人力和物力。该功能主要是

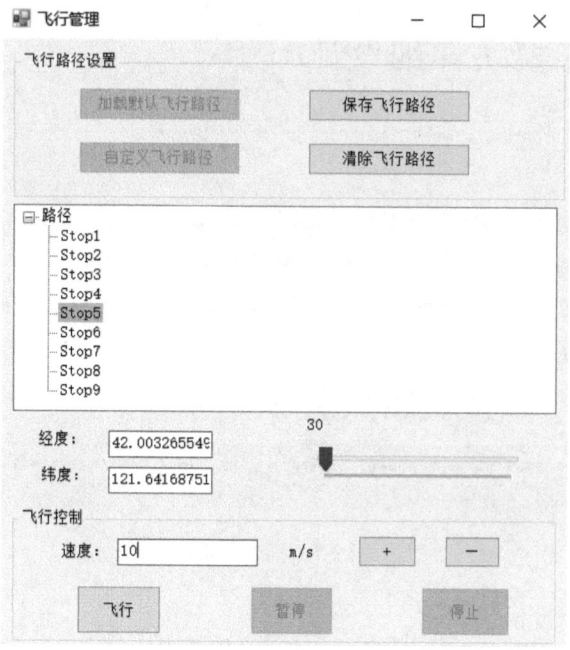

图 9-8　飞行管理界面

依据实景三维模型的测量,目前精度仅达到了厘米级,但是能够满足大部分工程的测量需求,节省了大量的人力和物力(图 9-9)。

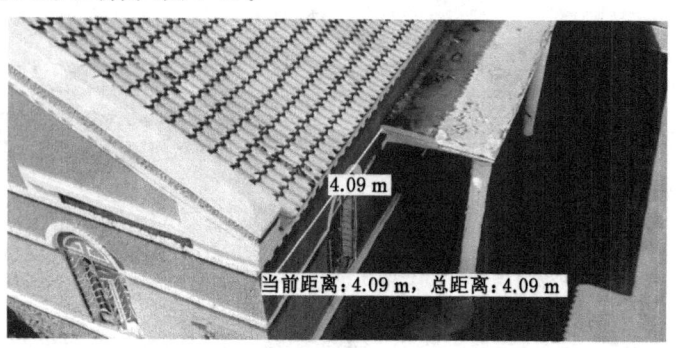

图 9-9　水平距离量测

9.4.2　查询信息模块

本模块主要通过访问数据库中的数据实现,将数据内容分为两个部分,一部分是条件查询(图 9-10),分为三种情况,按地区查询、按关键字查询、按年代查询。该方式的原理是遍历数据库中某一相同字段下的所有值,找到和输入值相同值之后输出该条建筑物的属性信息。按地区查询一般将区域分为海州区、细河区、新邱区。

另外一部分是其他数据查询(图 9-10),主要是图纸数据及其他历史留存数据的查询,一般包括建筑的四个立面图和俯视图,还有一些历史留存下来的有关该建筑物的著作物图像、图纸相片等数据。

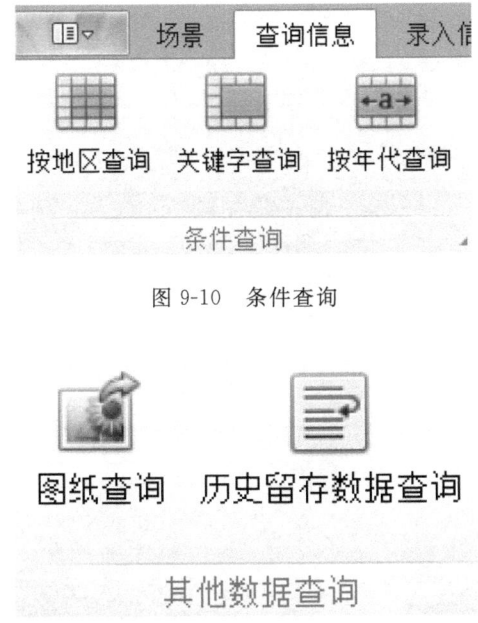

图 9-10　条件查询

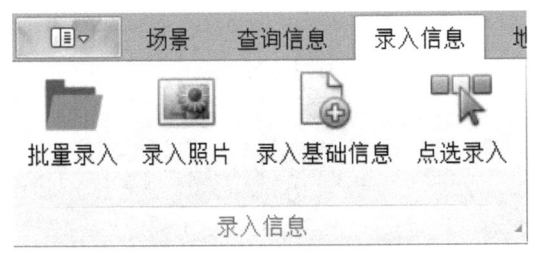

图 9-11　其他数据查询

9.4.3　录入信息模块

录入信息模块的主要功能是方便信息录入。其原理是通过与数据库的连接访问实现将数据录入数据库对应的表中,本模块主要分为批量录入、录入相片、录入基础信息、点选录入四个部分(图 9-12)。

图 9-12　录入信息模块

批量录入是将数据按照一定的格式先统计到 Excel 表格中,在批量录入中选择做好的表格,就可以将表格中的所有数据录入数据库中。录入相片及基础信息均通过直接选择对应的著作件将数据录入专门的数据库表,而点选录入的实现方式是通过鼠标交互相应建筑,弹出属性录入对话框,手动将相应信息录入数据库(图 9-13、图 9-14)。

9.4.4　地理分析

地理分析功能为上层领导提供决策支持,而在三维场景中进行分析,可视化方面的效果更加显著,地理分析功能分为可视域分析、缓冲区分析、剖面线分析、切割面分析、三维路径分析(图 9-15)。

图 9-13 点选录入

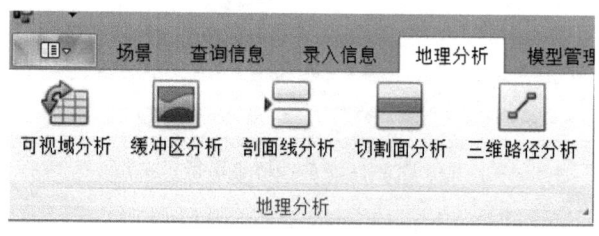

图 9-14 相片录入

图 9-15 地理分析功能

（1）可视域分析

可视域分析是对给定观察点可视覆盖区域的分析（图 9-16）。本系统的可视域分析是以获取监控点的可视信息为目的，这些信息主要涉及可视范围、视距和视域大小等，可应用于对历史建筑的风景评价、监控的放置等方面，具有计算结果直观等优点。

（2）剖面线分析

剖面线分析是研究地物在某一直线方向上的垂直剖面图，在实景三维模型中绘制，显示

图 9-16　可视域分析功能

剖面线上建筑物的剖面轮廓形态,可以直观反映历史建筑剖面状态(图 9-17)。

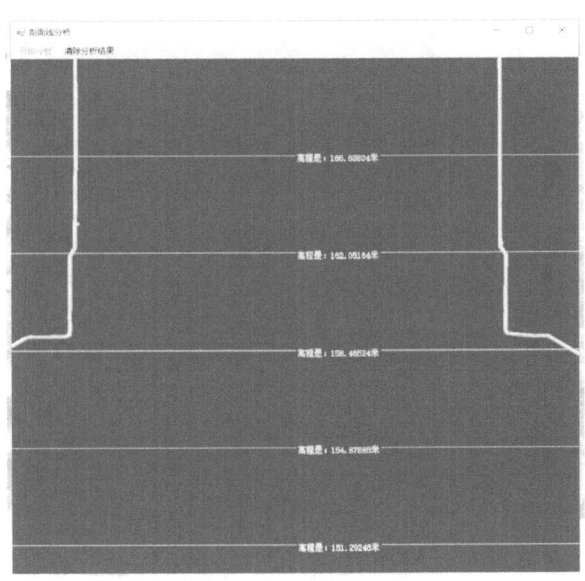

图 9-17　剖面线分析结果

9.4.5　模型管理

　　模型管理功能是对历史建筑实景三维模型和 BIM 模型的管理,同时展示实景三维模型及 BIM 模型一般会出现显示不全的情况,因此需要对模型进行管理,以选择是否显示相应的模型(图 9-18)。BIM 模型中的构件也包括建筑物的尺寸等信息(图 9-19),在 BIM 模型的管理中加入了 BIM 构件的查询功能。BIM 模型的构件查询功能的本质是查询 BIM 模型的属性表中的数据。

　　点云数据、原始数据的管理主要是本地管理,通过访问本地的点云数据存放位置,将各类数据分类存储到相应的文件夹中。

图 9-18　模型管理模块

序号	ElementID	CategoryID	CategoryName	TypeID	TypeName	ElementName	UniqueID	DocumentTitle	GroupId
2	333.787	-2000032	楼板	1.239	常规 - 300mm	常规 - 300mm	2103d9d4-dee...	项目1	-1
3	305.331	-2000032	楼板	1.242	现浇混凝土混凝...	现浇混凝土混凝...	09515d90-d7c...	项目1	-1
4	292.918	-2000032	楼板	1.238	常规 - 150mm	常规 - 150mm	b4d6fe34-9f45...	项目1	-1
5	292.743	-2000032	楼板	1.238	常规 - 150mm	常规 - 150mm	b4d6fe34-9f45...	项目1	-1
6	292.578	-2000032	楼板	1.238	常规 - 150mm	常规 - 150mm	b4d6fe34-9f45...	项目1	-1
7	292.401	-2000032	楼板	1.238	常规 - 150mm	常规 - 150mm	b4d6fe34-9f45...	项目1	-1
8	292.182	-2000032	楼板	1.238	常规 - 150mm	常规 - 150mm	b4d6fe34-9f45...	项目1	-1
9	292.007	-2000032	楼板	1.238	常规 - 150mm	常规 - 150mm	b4d6fe34-9f45...	项目1	-1
10	291.837	-2000032	楼板	1.238	常规 - 150mm	常规 - 150mm	b4d6fe34-9f45...	项目1	-1
11	291.579	-2000032	楼板	1.238	常规 - 150mm	常规 - 150mm	b4d6fe34-9f45...	项目1	-1
12	291.368	-2000032	楼板	1.238	常规 - 150mm	常规 - 150mm	b4d6fe34-9f45...	项目1	-1
13	291.146	-2000032	楼板	1.238	常规 - 150mm	常规 - 150mm	b4d6fe34-9f45...	项目1	-1
14	281.842	-2000032	楼板	1.238	常规 - 150mm	常规 - 150mm	2fc1983c-fb6c-...	项目1	-1
15	281.765	-2000032	楼板	1.238	常规 - 150mm	常规 - 150mm	2fc1983c-fb6c-...	项目1	-1
16	281.702	-2000032	楼板	1.238	常规 - 150mm	常规 - 150mm	2fc1983c-fb6c-...	项目1	-1
17	281.621	-2000032	楼板	1.238	常规 - 150mm	常规 - 150mm	2fc1983c-fb6c-...	项目1	-1
18	281.459	-2000032	楼板	1.238	常规 - 150mm	常规 - 150mm	2fc1983c-fb6c-...	项目1	-1
19	281.425	-2000032	楼板	1.238	常规 - 150mm	常规 - 150mm	2fc1983c-fb6c-...	项目1	-1
20	281.386	-2000032	楼板	1.238	常规 - 150mm	常规 - 150mm	2fc1983c-fb6c-...	项目1	-1
21	281.307	-2000032	楼板	1.238	常规 - 150mm	常规 - 150mm	2fc1983c-fb6c-...	项目1	-1
22	281.211	-2000032	楼板	1.238	常规 - 150mm	常规 - 150mm	2fc1983c-fb6c-...	项目1	-1
23	280.978	-2000032	楼板	1.238	常规 - 150mm	常规 - 150mm	2fc1983c-fb6c-...	项目1	-1
24	280.803	-2000032	楼板	1.238	常规 - 150mm	常规 - 150mm	2fc1983c-fb6c-...	项目1	-1
25	233.684	-2000033	屋顶	1.244	屋顶 + 屋面 3	屋顶 + 屋面 3	0hhs48s420-37s...	项目1	-1

图 9-19　BIM 模型构件属性表信息

9.5　系统主要功能展示

9.5.1　条件查询功能

条件查询的原理是将历史建筑模型进行标签单体化,每个标签根据覆盖的建筑物赋予 ID,对数据库中的对应数据赋予相同的 ID,利用鼠标交互场景中的建筑物,访问到标签 ID,从而链接到数据库中的数据并显示到窗体中,其原理如图 9-20 所示。

（1）按照建筑物名称查询

按照建筑物进行属性信息查询的对象主要为建筑名称,通过遍历数据库中的名称找到与输入名称相同的项并保留下来,其他项不显示。具体功能如图 9-21 所示。

（2）按照地区查询

历史建筑本身反映的是一个地区一个时期内的著作化风貌,按地区查询是指可以查询某一地区的所有历史建筑,并可以通过鼠标交互来选择建筑物并显示其属性,具体功能如图 9-22 和图 9-23 所示。

9.5.2　BIM 模型可视化及建筑构件查询浏览

（1）建筑模型可视化

BIM 模型提供建筑物结构的可视化,纹理精细化的三维实景模型提供建筑表面纹理的

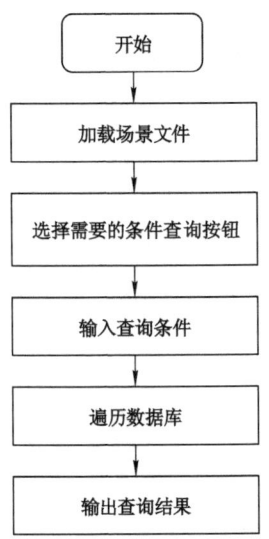

图 9-20 条件查询流程图

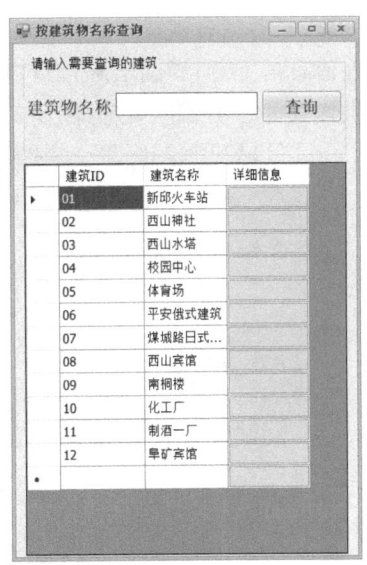

图 9-21 按照建筑物名称进行查询

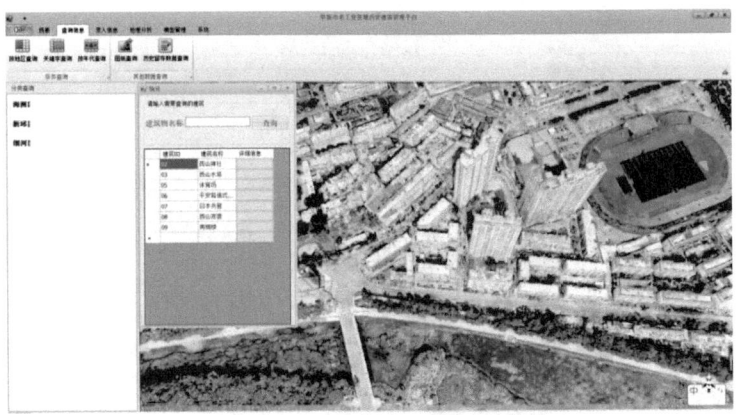

图 9-22 按地区查询

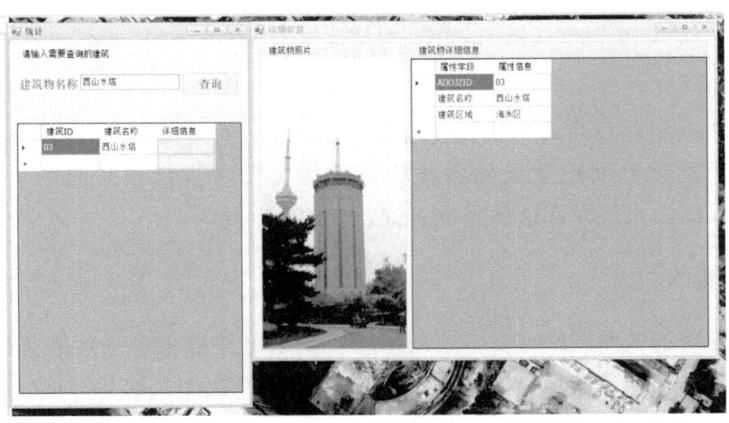

图 9-23 查询结果显示

精细可视化,二者结合组成了建筑物所有信息的可视化。通过对 BIM 模型中各类构件的模型和属性信息的查看,详细了解建筑内外结构的位置、几何尺寸、属性等信息。为建筑修复分析提供详细的各类属性信息(图 9-24、图 9-25)。

图 9-24　BIM 可视化

图 9-25　内部结构展示

（2）模型构件查询

BIM 模型的构件信息主要包括属性信息、关联信息、管理信息等,通过对 BIM 模型结构的查询,可以快速、准确获取建筑物各类构件的相关属性信息和其他信息。查询流程如图 9-26 所示,以西山水塔内部楼梯为例查询,如图 9-27 所示。

9.5.3　图纸查询功能

搜集历史建筑的前期图纸存在一定的困难。图纸原件也包含一定的著作物价值,本系统中的图纸是通过实地量测加模型量测所制作的 1∶100 比例尺的 CAD 立面图。通过图纸查询功能可查询相应历史建筑的图纸信息。具体功能如图 9-28 和图 9-29 所示。

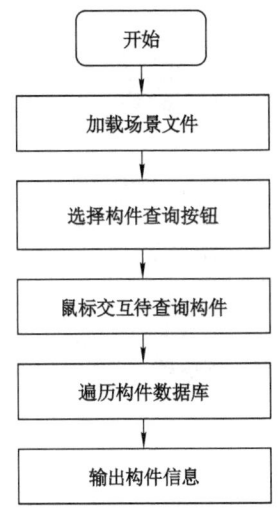

图 9-26　构件查询流程图

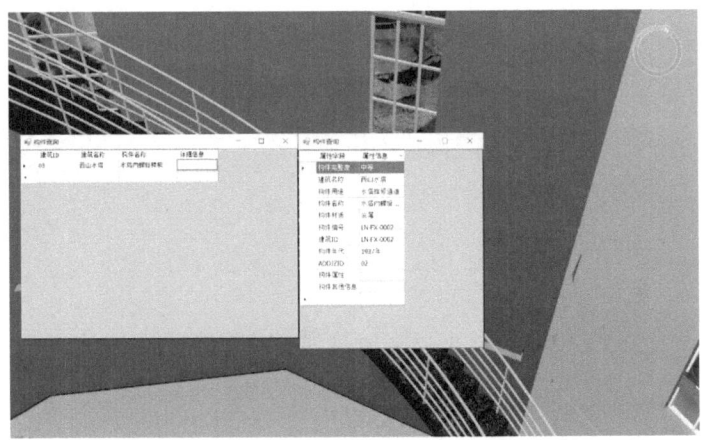

图 9-27　建筑物构件查询

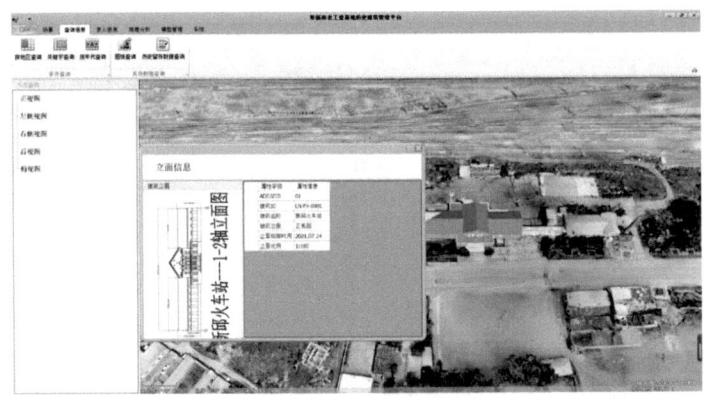

图 9-28　建筑物立面图查询

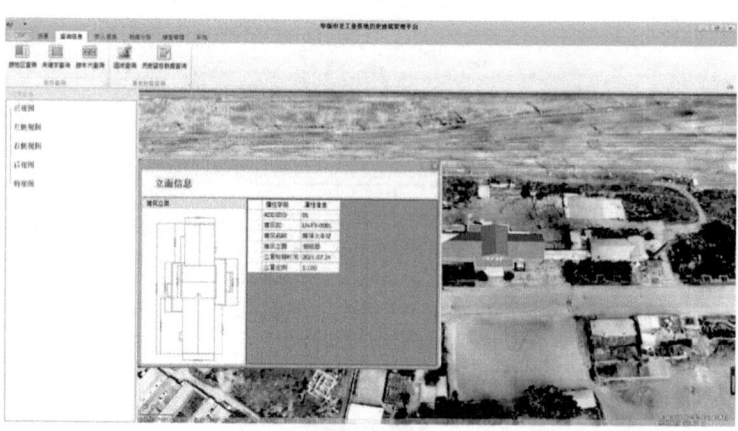

图 9-29　建筑物俯视图查询

10　结论与展望

10.1　结论

本书将无人机空中获取的倾斜摄影测量数据与地面贴近摄影测量数据融合建模,获取纹理精度较高的实景三维数据。利用点云数据辅助 Revit 进行 BIM 模型构建,最终将实景模型、BIM 模型与 3DGIS 结合起来,并通过实地测量获取历史建筑的立面图等其他数据信息。实现了基于多源数据的历史建筑管理平台搭建。

本书主要的研究成果如下:

(1) 探究空地一体化融合构建纹理精细的实景三维模型技术。本书通过对倾斜摄影测量原理、空三原理进行深入研究,利用空地数据融合建模,并检验模型精度,满足国家精度标准要求。通过目视判读可清晰分辨毫米级纹理,建立纹理毫米级精度的实景模型。

(2) 探究点云辅助构建 BIM 模型技术,传统的通过图纸构建 BIM 模型的方式在大多数历史建筑上并不适用。本书利用点云数据精度高的特点,将点云数据引入 Revit 软件,通过跟踪测量点云并结合现有建筑信息数据对建筑各个构件进行绘制,并创建族库,为历史建筑的结构修复提供参考,实现了快速建立包含建筑各项信息的 BIM 模型。

(3) 基于 C\S 架构,结合 SuperMap 的三维接口,进行阜新市老工业基地历史建筑管理平台开发。本平台提供的功能服务能够满足历史建筑保护管理的实际业务需求,一方面,提供历史建筑纹理(纹理精细化的实景三维模型)和结构(BIM 模型)两层可视化层。另一方面,提供历史建筑模型各种数据的查询与共享,为历史建筑的修复提供便利。

10.2　展望

本书针对测绘领域两种建模方法,并结合 3DGIS 技术进行研究,取得了一定的成果,但是仍然存在很大的不足。在未来的研究中还要注重以下几个方面:

(1) 随着室内导航定位技术的精度越来越高,在建筑物内部进行无人机搭载 RTK 获取室内数据成为可能,建筑物内外获取数据进行联合空三获取包含建筑内部的实景三维模型是未来的发展方向。

(2) 本书构建的阜新市老工业基地历史建筑 3DGIS 管理平台中使用了多源地理信息数据,三维可视化时会占用较大的内存及 CPU,影像漫游功能及鼠标交互功能浏览速度,因此需要更有效的金字塔可视化方式,减少实景三维模型中的冗余数据,提高浏览质量。

(3) 对于历史建筑平台的 3DGIS 平台构建来讲,由于 Web 端和移动端所具有的方便性,可以随时随地通过移动设备使用系统和浏览历史建筑等,通过限制功能为游客等参观群体提供可视化服务等均是未来的研究方向。

参 考 文 献

[1] 黄艳,杨保军,苏蕴山.《关于在城乡建设中加强历史文化保护传承的意见》内容解读[J].中华民居,2021(5):29-38.

[2] 刘颂,章舒雯.数字景观技术研究进展:国际数字景观大会发展概述[J].中国园林,2015,31(2):45-50.

[3] 赖文波,杜春兰,贾铠针,等.景观信息模型(LIM)框架构建研究:以重庆大学 B 校区三角地改造为例[J].中国园林,2015,31(7):26-30.

[4] 梁慧琳.苏州环秀山庄园林三维数字化信息研究[D].南京:南京林业大学,2018.

[5] 廖怡.北京香山静宜园见心斋园林三维数字信息模型建构研究[D].北京:北方工业大学,2021.

[6] 黎娟,李昊燔,王伟峰.基于贴近摄影测量技术的实景精细建模[J].测绘与空间地理信息,2021,44(11):40-42,47.

[7] 何敏,胡勇,赵龙.无人机倾斜摄影测量数据获取及处理探讨[J].测绘与空间地理信息,2017,40(7):77-79.

[8] 李镇洲,张学之.基于倾斜摄影测量技术快速建立城市 3 维模型研究[J].测绘与空间地理信息,2012,35(4):117-119.

[9] 郭雯.基于 3Dsmax 及 Skyline 的城市三维建模的研究[D].昆明:昆明理工大学,2018.

[10] SONG L M,LI X Y,YANG Y G,et al. Structured-light based 3D reconstruction system for cultural relic packaging[J]. Sensors,2018,18(9):2981.

[11] 王伟,黄雯雯,镇姣.Pictometry 倾斜摄影技术及其在 3 维城市建模中的应用[J].测绘与空间地理信息,2011,34(3):181-183.

[12] GO J,CHOI Y S,JANG S,et al. The analysis of 3D position accuracy of multi-looking camera[J]. Spatial information research,2011,19(3):33-42.

[13] TEMPELMANN U,BÖRNER A,CHAPLIN B,et al. Photogrammetric software for the LH System ADS40 airborne digital sensor[J]. International archives of photogrammetry and remote sensing,2000,33(b2;part 2):552-559.

[14] 缪玉周.消费级无人机倾斜摄影测量技术在构建城市真三维模型中的应用研究[D].抚州:东华理工大学,2018.

[15] 杨彦梅,王莹,施磊,等.基于 DP-Modeler 的精细化三维模型构建[J].测绘通报,2021(5):106-110.

[16] 宰春旭.基于多种摄影方式的精细化三维模型构建方法研究[D].昆明:昆明理工大学,2021.

[17] 周阳.基于信息模型(BIM)的历史建筑保护与改造探索[D].成都:西南交通大

学,2017.

[18] 刘广文,牟培超,黄铭丰.BIM 应用基础[M].上海:同济大学出版社,2013.

[19] 邢亮.BIM 技术在历史建筑保护中的应用研究[D].长春:吉林建筑大学,2017.

[20] GAO X,SHEN S H,ZHU L J,et al. Complete scene reconstruction by merging images and laser scans[J]. IEEE transactions on circuits and systems for video technology,2020,30(10):3688-3701.

[21] QUAGLIARINI E,CLINI P,RIPANTI M. Fast,low cost and safe methodology for the assessment of the state of conservation of historical buildings from 3D laser scanning:the case study of Santa Maria in Portonovo (Italy)[J]. Journal of cultural heritage,2017,24:175-183.

[22] XI C X,ZHOU Z X,XIANG X J,et al. Monitoring of long-span bridge deformation based on 3D laser scanning[J]. Instrumentationmesure métrologie,2018,18(1): 113-130.

[23] ZHU M,VENTURA G. 3D imaging technology for improvement of and application in architecturalmonitoring[J]. AIMS mathematics,2018,3(3):426-438.

[24] 孙保燕,姜鹏洲,周鑫,等.多模式融合的古建筑模型构建方法[J].激光与红外,2019, 49(3):296-302.

[25] FONI A,PAPAGIANNAKIS G,MAGNENAT N. Virtual Hagia Sophia:Restitution, visualization andvirtual life simulation [C] //Proc. UNESCO World Heritage Congress. 2002,2:52-53.

[26] ALLEN P K,TROCCOLI A,SMITH B,et al. New methods for digital modeling of historic sites[J]. IEEE computer graphics and applications,2003,23(6):32-41.

[27] KERSTEN T, STERNBERG H, STIEMER E. First Experiences with Terrestrial Laser Seanning for Indoor Cultural Heritage Applications Using Two Different Scanning Systems. Reulke R, Knauer U. IAPRS,Vol. XXXVI,PART 5/W8[C]. Berlin:Proceedings of the ISPRS working group V/5 Panoramic Photogrammetry Workshop, 2005. 24-25.

[28] PESCI A,CASULA G,BOSCHI E. Laser scanning the Garisenda and Asinelli towers in Bologna (Italy):detailed deformation patterns of two ancient leaning buildings [J]. Journal ofcultural heritage,2011,12(2):117-127.

[29] POLIG M. 3D GIS for building archeology – Combining old and new data in a three-dimensional information system in the case study of Lund Cathedral[J]. Studies indigital heritage,2017,1(2):225-238.

[30] GUPTA S,SHAH C,SHAH D,et al. A grass root oriented urban planning approach to uplift the socio-economic facet of a city using 2d and 3d gis:case study on mehmedabad city,India[J]. ISPRS annals of the photogrammetry,remote sensing and spatial information sciences,2018:73-80.

[31] NAVAS-CARRILLO D,DEL ESPINO HIDALGO B,NAVARRO-DE PABLOS F J, et al. The urban heritage characterization using 3d geographic information systems.

the system of medium-sized cities in Andalusia[J]. Theinternational archives of the photogrammetry, remote sensing and spatial information sciences, 2018, XLII-4/W10:127-134.

[32] 胡明星,董卫. 基于 GIS 的镇江西津渡历史街区保护管理信息系统[J]. 规划师,2002, 18(3):71-73.

[33] 郑晓华,沈洁,马菀艺. 基于 GIS 平台的历史建筑价值综合评估体系的构建与应用:以《南京三条营历史文化街区保护规划》为例[J]. 现代城市研究,2011,26(4):19-23.

[34] 葛天阳,后文君,阳建强. 基于 GIS 和 AHP 的历史地段建筑多级综合评价:以南京湖熟古镇核心地段为例[J]. 现代城市研究,2017,32(7):31-38.

[35] 宋阳. 基于三维激光扫描的关中地区古塔数字模型库构建技术研究及应用[D]. 西安:西安建筑科技大学,2017.

[36] 匡标. 基于三维激光扫描技术的古建筑数字档案建库以及保护研究:以宋朝四大书院石鼓书院为例[J]. 中外交流,2017(31):5-6.

[37] LAAT R D, BERLO L V. Integration of BIM and GIS:The Development of the City GML GeoBIM Extension[M]//Advances In 3D Geo-information sciences,2011:211-225.

[38] JAYAKODY A, RUPASINGHE L, PERERA K, et al. The development of the CityGML GeoBIMextension for Real-Time assessable model(Integration of BIM and GIS):Third National Conference on Technology& Management(NCTM 2014)[C]. [S. l:s. n.],2014.

[39] BREUNIG M,BORRMANN A,RANK E,et al. Collaborative multi-scale 3d city and infrastructure modeling and simulation[J]. The international archives of the photogrammetry,remote sensing and spatial information sciences,2017,XLII-4/W4:341-352.

[40] LEE P C,WANG Y H,LO T P,et al. An integrated system framework of building information modelling and geographical information system for utility tunnel maintenance management[J]. Tunnellingand underground space technology,2018,79:263-273.

[41] 吕芳. 思南路旧房:多维技术在古建筑群改造中的应用[J]. 工程质量,2013,31(2):51-54.

[42] 赵华英,叶红华,赵冠一,等. 上海玉佛禅寺修缮与改扩建工程中的 BIM 技术拓展应用[J]. 土木建筑工程信息技术,2014,6(1):101-105.

[43] 张文静. HBIM 在里分建筑保护中的应用研究[D]. 武汉:华中科技大学,2018.

[44] 曾泽颖. 基于 BIM 与 Web 的历史建筑可视化预警系统的研发[D]. 桂林:桂林理工大学,2020.

[45] 曲林,张淑娟,冯洋,等. 倾斜摄影测量高中低空解决方案研究[J]. 测绘与空间地理信息,2016,39(1):19-20,23.

[46] 张慧莹,董春来,王继刚,等. 基于 Context Capture 的无人机倾斜摄影三维建模实践与分析[J]. 测绘通报,2019(增 1):266-269.

[47] 李明涛. 基于 IFC 和 CityGML 的建筑空间信息共享研究[D]. 北京:北京建筑大学,2013.

[48] 黄楠鑫. 融合 BIM 和 GIS 的室内外一体化路网构建[D]. 北京:北京建筑大学,2019.

[49] ZHANG J P,GUO J,WANG S W,et al. Intelligent facilities management system based on IFC standard andbuilding equipment integration[J]. Journal of Tsinghua University(Science and Technology),2008,48(6):940-942.

[50] LIEBICH T,ADACHI Y,FORESTER J,et al. Industry Foundation Classes:IFC2x Edition 3 TC1[M]. [S. l. :s. n.],2006.

[51] ISO. Industrial automation systems and integration-Product data representation and exchange-Part21:Implementation methods clear text encoding of the exchangestructure[M]//The EXPRESS language reference manual. [S. l. :s. n.],2021.

[52] JAUD T,ESSER S,MUHIC S,et al. Development of ifc schema for infrastructure [C]//6th International Conference siBIM:Structured Data are New Gold. [S. l. :s. n.],2020.

[53] 娄宁,马健,杨永崇,等. 倾斜摄影的单体精细化三维建模技术[J]. 遥感信息,2020,35(6):44-48.

[54] 席敏哲. 基于无人机倾斜影像的精细化三维模型构建及智慧园区应用研究[D]. 西安:西安科技大学,2020.

[55] 何佳男. 贴近摄影测量及其关键技术研究[D]. 武汉:武汉大学,2019.

[56] 田佳. 基于多源数据融合的三维重建研究[D]. 抚州:东华理工大学,2012.

[57] 韦江霞,李英成. 多视立体密集匹配点云的三维 TIN 构建算法[J]. 遥感信息,2016,31(5):139-144.

[58] BEARDSLEY P A,ZISSERMAN A,MURRAY D W. Sequential updating of projective and affine structure from motion[J]. International journal of computer vision,1997,23(3):235-259.

[59] 董仲奎. 面向文物的地理信息系统的建立[D]. 北京:清华大学,2004.

[60] 庞晓峰. 基于 SuperMap 的西咸新区城市规划管理信息系统的研发[D]. 西安:西安科技大学,2018.

[61] 龙宏伟,李碧. 常见的几种 GIS 软件功能及特点比较[C]//全国测绘科技信息网中南分网第二十四次学术信息交流会论文集. 南昌:[出版者不详],2010:514-518.

[62] 郝凌云. 基于实景模型和 BIM 融合的阜蒙县 3DGIS 关键问题构建研究[D]. 阜新:辽宁工程技术大学,2021.

[63] 李昂. 基于 SuperMap GIS 的电力巡检系统的设计[D]. 兰州:西北师范大学,2013.

[64] 蔺虎. 基于 GIS 技术的分布式融雪模型及融雪径流预报系统的设计与应用[D]. 乌鲁木齐:新疆大学,2013.